KB041507

인식의 상처와 치유

– 인간 지성을 위한 헤겔의 투쟁 –

인식의 상처와 치유

– 인간 지성을 위한 헤겔의 투쟁 –

권터 델브뤼거 지음 | 현욱 옮김

서광사

이 책은 Günther Dellbrügger의 *Das Erkennen schlägt die Wunde—und heilt sie*
(Verlag Freies Geistesleben & Urachhaus GmbH, Stuttgart 2000)를 완역한 것이다.

인식의 상처와 치유: 인간 지성을 위한 헤겔의 투쟁

귄터 델브뤼거 지음
현욱 옮김

펴낸이 | 김신혁, 이숙
펴낸곳 | 도서출판 서광사
출판등록일 | 1977. 6. 30.
출판등록번호 | 제 406-2006-000010호

(413-756) 경기도 파주시 교하읍 문발리 534-1
Tel: (031) 955-4331 | Fax: (031) 955-4336
E-mail: phil6161@chol.com
http://www.seokwangsa.co.kr | http://www.seokwangsa.kr

제1판 제1쇄 펴낸날 · 2012년 10월 30일

ISBN 978-89-306-1046-9   03160

가장 심오한 사상은 그리스도의 형상,

역사적인 것 그리고 외적인 것과 일치한다.

그리고 이 모든 심연에서 외적인 시각을 취하는 의식으로

손쉽게 파악될 수 있으며 동시에 심오한 통찰을 요하는 것이

바로 기독교의 위대함이다. 기독교는 도야(陶冶)의 각 단계에 그러하고

동시에 최고의 요구를 만족시킨다.

— 헤겔, 『세계사의 철학』 —

| 차 례 |

본 연구는 1999년, 특히 바이마르(Weimar)의 문화 주간이라는 테두리 아래, 여러 도시에서 수행했으며 또한 저자가 가필하고 증보한 한 강연의 내용을 다룬다. 강연의 스타일은 그대로 유지되었다. 여기서 종종 그냥 암시되기만 한 연관성에 관하여 흥미를 가지는 독자들 중에 좀 더 깊이 알고 싶다면, 저자의 『인간과 신의 공동체. 헤겔의 예배 이론』(Würzburg 1998)을 참고하기 바란다. 이 책은 학문적으로 정초되었으면서도 일반적으로 이해하기 쉬운 형식으로 독일 관념론, 그리고 헤겔 철학에서 출발하는 바이마르 고전주의의 중요성이 무엇인지를 보여 주고자 했다. 여기서 그 이상의 참고 자료들을 발견할 수 있을 것이다.

__ 서기 2000년, 슈투트가르트의 에피파니아스에서

I. 서론
＿ 슈타이너와 비호만의 헤겔 흉상

1890년부터 1897년까지 바이마르에 거주할 당시, 슈타이너(Rudolf Steiner, 1861~1925)[1]는 궁정 극장 배우인 노이퍼(Dagobert Neuffer)와도 알고 지냈다. 그들의 우정은 발전했으며, 슈타이너는 그의 아들 중 한 아이의 대부(代父)가 되었다. 노이퍼는 슈타이너를 높이 평가했고, 무조건 그에게 아름다운 무엇인가를 선사하고 싶어 했다. 그 후 슈타이너는 무엇인가를 선사하고자 하는 노이퍼의 이 바람이 어떻게 하면 이루어질 수 있을 것인지를 넌지시 암시했다. 그는 어떤 예술가의 작업실에서 본 흉상이 특히 마음에 들었기 때문이다. 노이

---

[1] 옮긴이 주: 당시의 오스트리아, 오늘날의 크로아티아에서 태어났으며, 기독교적 신지학, 장미십자회 및 관념론 철학에 연결되는 비교도이자, 철학자인 그는 인지학(人智學)의 창시자로서 교육학(발도르프 교육학), 예술(체조와 인지학적 건축), 의학(인지학적 의학), 농업(생물학적-역학적 농업)에 영향을 끼쳤다.

퍼는 화실이란 화실은 모조리 뒤져 이 흉상을 찾아내고자 했지만 어디서도 그것을 찾을 수 없었다. 우연히 노이퍼의 집 하녀가 이 이야기를 듣고 그녀의 침대 밑에 있는 한 흉상에 관하여 말해 줬다. 즉시 알아 본 결과, 그렇게도 찾던 바로 그 흉상이 침대 밑에 있었다. 그것은 비흐만(Karl Wichmann, 1775~1836)[2]이 1828년에 완성한 헤겔의 흉상이었다. 발견할 당시 그 흉상은 단지 코가 손상된 상태였고, 이는 크리스마스까지 보수할 수 있었다.

슈타이너는 왜 이 흉상에 그러한 가치를 두었던 것일까? 그는 자신의 전기에서 헤겔의 흉상이 그 이후로 여러 곳에서 그를 반려했던 몇 안 되는 물건에 속한다고 술회했다. 세상을 떠나기 전 마지막 해에 그는 참으로 종종 헤겔의 사상 세계에 침잠했으며, 그에게는 이 헤겔의 흉상이 언제나 매혹적이었다고 말했다. 그 이유는 흉상의 묘사 양식과 얼굴의 특징이 사람의 겉모습과 완전히 사태 속으로 침잠해 들어가는 순수한 사유의 결합을 보여 주었기 때문이라는 것이다. 그는 당시 확신에 차서, 이 얼굴의 특징이 가장 순수한 사유에 대한 인간적 표현으로서 "많은 영향을 미친 삶의 반려자"(『내 생애의 과정』, Kap. XXI)라고 쓴다. 그런데 정작 알고 싶은 것은, 헤겔의 개성에 이르는 가교 역할을 한 이 흉상과의 만남이 슈타이너의 삶과 내면적 발전에 어떤 영향을 끼쳤는가 하는 것이다. 그러나 그는 이에 대하여 침묵한다.

나는 서두에서 이 문제를 제기하고 싶다. 그것은 오늘날 어떤 식

---

[2]   옮긴이 주: 독일의 조각가.

으로든 헤겔주의자 혹은 반(反)헤겔주의자가 된다는 것이 중요하기 때문이 아니라, 헤겔을 통해서 우리가 오늘날 필요로 하는 자극과 고무를 받을 수 있기 때문이다. 사람들은 헤겔을 마르크스의 선행자였다거나 혹은 프로이센의 국가 철학자이자, 모든 기존의 것에 대한 옹호자라고 짤막하게 평해 버린다. 위대한 사상가들에게는 그들이 작품으로 출간했던 그 이상의 것이 숨겨져 있는 법이다. 오늘날 우리에게 가장 흥미로운 것은 종종 아직도 그 작품들 속에 숨겨져 있는 것, 거기서 추구할 수 있는 것, 제발 발견해 달라고 떠들썩하게 시끄러운 소리를 내는 것이다.

그런데 우리는 영양분을 공급해 줄 정신적인 빵과도 같은 무엇인가를 필요로 하는데도 그러한 과거의 사상이 아무것도 주지 못하는 돌덩이와 같다고 이의를 제기하는 이들에게 이렇게 항변하고 싶다. 즉 우리는 헤겔에서 화석(火石)을 만나며, 바로 이 화석에 불을 붙이고(문제를 제기하고), 논쟁을 하며 계속해서 물음을 제기함으로써 자기 자신의 사유와 정신의 불을 지필 수 있다. 그러나 이는 내면적 작업이다. 슈타이너는 헤겔을 아주 평범하게 "사고 훈련"의 교본으로서 추천한다! 오늘날의 모든 불가피한 변화, 사회적으로 필연적인 개혁은 현실적인 토대를 갖지 못하고 있다. 우리는 사고 자체를 색다르고 새롭게 이해하여 운용하지 못하기 때문이다. 헤겔은 우리 자신의 사고 자체를 내면적으로 이해하고 형성하는 데 도움을 줄 수 있다.

러시아에서 고르바초프(Michail Gorbatschow, 1931~)³가 글라스노스치(투명성)와 페레스트로이카(변혁)의 원리와 나란히 새로운 사고를 요구했다는 사실은 결코 우연이 아니다. 그러나 어떻게 그러한 새로운 사고가 형성될 수 있는가? 그것은 대체 이성적인 개념인가? 도대체 '낡은 사고'란 무엇인가? 사고란 바뀌는 것인가? 이것은 오늘날 결정적인 물음이다! 그리고 참으로 새롭고도 독특한 사고를 실행했던 슈타이너와 같이 우리도 헤겔로부터 스스로를 불타오르도록 할 수 있다. 왜냐하면 『진리와 학문』, 『자유의 철학』 등과 같은 철학적인 기초 저서를 쓴 슈타이너에게도 자기 자신 속에서 계속 진보하기 위하여 부단히 헤겔의 사상 속으로 침잠하는 일은 분명 그의 전 생애 동안 유익하고도 흥미진진한 일이었기 때문이다. 오늘날에도 헤겔은 우리에게 그러한 자극을 줄 수 있다.

>3   옮긴이 주: 러시아의 정치가. 1985～1991년 소련 공산당 제1서기장, 1990～1991년 소련 대통령, 1990년 노벨 평화상을 수상했다.

2. 전기(傳記)적 스케치

___ "새로운 교회 … 그것은 분명 올 것이다!" _횔덜린

우선 헤겔이 우리에게 인간적으로 생생하게 느껴지도록 하기 위해서 그의 생애 가운데 특히 그가 가지고 있는 인간으로서의 내면적 양식에 관하여 좀 이야기하고 싶다. 그런 다음 질병과 건강의 원천으로서의 인식의 문제에 관심을 가져 보고 싶다. 헤겔은 괴테가 21세가 되기 전날인 1770년 8월 27일에 슈투트가르트 에버하르트 가(街) 53번지에서 태어났다. 그 후, 1753년 마르바흐에서 헤겔의 친척으로부터 세례를 받은 군의관 실러가 몇 집 건너의 같은 거리에 살았다. 헤겔의 생가는 매우 아름답게 재건되었다. 그 웅장하고도 견고한 모습을 본다면 바로 그것이 헤겔에게 잘 어울린다는 것을 알아차릴 수 있을 것이다! 헤겔은 후일 슈투트가르트에서 신교 세례를 받게 된다. 헤겔은 여섯 살에 매우 심한 천연두를 앓았다. 사람들은 그가 이미 죽었다고 믿을 정도였으며, 며칠 동안 눈이 보이지 않았다. 그가 열세 살이 되

었을 때 양친은 앓아누웠으며, 여동생과 그는 담즙열(膽汁熱)이 있었다. 결국 어머니는 세상을 떠났다. 그는 실의에 찬 나머지 슈투트가르트의 고성(古城)에 있는 궁정 예배당을 찾았다. 그곳은 알렉산더(Karl Alexander) 공작[1]이 1712년 가톨릭으로 개종한 이래 가톨릭 미사가 열렸던 곳이다. 비록 헤겔이 단호한 루터주의자이지만 가톨릭 보편주의에 대한 그의 독특한 관심은 전 생애를 통해 지속되었다! 오이겐(Karl Eugen) 공작[2]은 우수한 가톨릭 신학자와 성직자를 루드비히스부르크와 슈투트가르트로 파견했다. 많은 슈투트가르트 사람들은 이 궁정 예배당에서 아름답고 유익한 설교와는 동떨어진 무미건조하고 진부한 프로테스탄트적 설교라는 '관제 강연'을 체험해야 했다. 헤겔도 그러했다!

1785년 8월 7일 거의 열다섯이 다 된 소년 헤겔은 처음으로 미사(Messe)에 나왔으며, 그는 일기장에 라틴어로 그 미사가 다른 사람들이 만족할 만큼 흡족하지 못했다고 적었다. 그러나 담임 신부의 설교는 그가 설교에 자주 참석할 것을 결심하도록 할 만큼은 긍정적이었다. 이 담임 신부는 누구였을까?

담임 신부인 마리아(Benedikt Maria, 1745~1823)[3]는 자유롭고도 영감을 주는, 매우 개방적인 인격의 소유자였음이 틀림없다. 그는 베네딕트 교단의 수도사였으며 스물다섯의 나이로 이미 선임 수련자

>1 옮긴이 주: 1684~1737년까지 뷔템베르크공국 공작.

>2 옮긴이 주: 1737~1793년까지 뷔템베르크공국 공작.

>3 옮긴이 주: 독일의 로마-가톨릭 신학자, 계몽주의의 교회 건립자.

가 되었던 동기는, 스스로 말했듯이, 선량한 젊은이들을 단지 늙은 수
도승으로 만들어 버리지나 않을까 하는 우려에서 나온 동정심의 발로
였다. 그는 아직 누구도 읽지 않은 설교집이 꽂힌 책장 뒤에 젊은 수
도승을 위한 금서로 낙인찍힌 새로운 비밀 장서(藏書)를 숨기고 있었
기 때문에 불가불 네레스하임의 수도원장과 분쟁을 치렀다. 1784년
오이겐 공작이 슈투트가르트로 파견하기 이전, 그는 프라이부르크에
서 철학과 교회사 교수로서 계몽 결사 조직에 가담했으며, 괴테와 헤
르더도 이 조직에 가입해 있었다.

그것은 계몽주의의 정신이 슈투트가르트에도 이르러 있었기 때문
이다. 계몽주의 정신이 나타나 있는 전단지에는 "하느님이 말씀하시
기를, 빛이 있으라! 하매 세상 만물이 성숙했다. 슈바벤 사람을 위한
예외 사항이 어디 쓰여 있단 말인가?"라고 적혀 있었다. 그래서 담임
신부는 신도들의 개인적인 양심의 자유를 옹호했고, 교회는 오류를
범해서는 안 된다는 요구에 저항했으며, 결국 한 미사 기도문을 독일
어로 읽었다. 그는 예컨대 "자유와 평등을 확산시키기 위해서 기독교
는 무엇을 헌신했는가?"와 같은 주제로 설교했으며, 종교에 대한 인
식의 의미를 강조했다. 그 이유는 종교란 물론 감정 없이 존재할 수는
없겠지만 그렇다고 그 본질이 감정 속에 있는 것은 아니기 때문이라
는 것이다. 바로 이 문제는 후일 슐라이어마허와 헤겔의 대결에서도
문제가 되었다!

그런데 헤겔은 설교로 자신의 고유한 사유, 즉 자기 사유가 요구
되고 촉진되었으면서도 동시에 제식(Kultus)에 속박당하고 있다는

각성을 할 수 있게 해 주는 반대 입장을 발견했다. 신에 대한 공동의
예배(Gottesdienst)가 비로소 우리의 가슴속에 처음부터 깃들여 있다
는 신적인 것을 자극하여 그것을 의식하도록 하기 때문이었다.

그러나 이후 1788년부터 1793년까지 튀빙겐에서의 신학 수업도
실망스럽기는 마찬가지였다. 헤겔은 어느 곳에서도 이곳에서처럼 낡
은 체계가 충실하게 지속되는 곳은 없을 것이라고 후에 셸링에게 하
소연한다. 셸링(Friedrich Wilhelm Joseph von Schelling, 1775~
1854)>4은 1790년, 열다섯의 나이에 특별 전형으로 신학교에 입학했
는데, 그것은 프랑스에서 혁명이 실패한지 일 년 후였다. 또한 이 기
숙생들이 프랑스에서 일어난 사건들에 대해 얼마나 생생한 관심을 보
이고, 심지어 셸링이 독일어로 번역한 마르세이유의 노래를 얼마나
열광하며 불렀는가 하는 아름다운 일화가 있다. 튀빙겐의 공작이 몸
소 달려와서 셸링에게 이렇게 말했다. "프랑스에서는 마르세이유의
산적들이 부르는 더러운 노래가 애창되고 있는데, 그대는 그것을 아
는가?" 셸링은 이에 놀라지 않고 공작의 의도에 침묵으로 일관하다
가, 그가 다시 한 번 장황한 훈계를 하자 이에 "각하, 우리는 모든 것
에 두루 실패하고 있습니다!"라고 응수했다고 한다.

자유에 대한 소명(昭明)은 필수불가결하게 되었다. 사람들은 유럽

>4 옮긴이 주: 독일 관념론의 초기 대표자. 피히테와 괴테의 추천으로 1798년 예나
　　대학의 교수가 되었다. 1803년 뷔르츠부르크대학, 에어랑엔대학, 뮌헨대학 교수,
　　1841년 베를린대학 교수. 피히테와 연결지어 스피노자, 부르노, 뵈메 등의 사상에
　　의해서 규정되며, 낭만주의 사유에 분명한 철학적 인상을 주었다.

의 윤리적 부활을 갈구했다. 헤겔도 프랑스 대혁명에 관하여 논의하는 정치 클럽에 소속되어 있었다. 헤겔은 신학 못지않게 그리스 비극과 루소의 사회론에 관심을 가졌다. 때로는 고난을 당하는 사람에 관하여 기록한 「욥기」가 가지는 매우 조야한 언어가 그를 깊이 사로잡았다. 그 밖의 경우 헤겔은 매우 평범했으며, 보통 학생의 생활을 영위했다. 어느 누구도 여기에서 인류 역사상 매우 위대한 사상가의 한 사람이 명주실로 고치를 짓고 있었음을 알아차리지 못했다. 한번은 늦은 밤에 술집에서 나오는 헤겔에게 의혹에 찬, 나이 지긋한 친구가 말을 건넸다. "오 헤겔, 너는 술을 마시다가 결국은 너의 분별력(悟性, Verstand)까지도 마셔 버리는군!"

운명은 헤겔이 동갑인 횔덜린(Friedrich Hölderlin, 1770~1843)>5과 다섯 살 아래인 셸링과 더불어 한방에 살게 했다. 이 세 사람은 우정을 맺었다. 예전에 아우구스틴 수도원이었던 튀빙겐의 신교 신학교에 반짝이는 세 개의 별이 등장한 것이다. 그들의 관계는 매우 조촐했다. 튀빙겐에는 300명 이하의 학생들이 있었다! 셋은 다른 학생들과 더불어 신학을 공부했으나 모두 목사가 되지 않았다! 그들의 삶의 여정은 기독교를 지향했으나 교회 안의 기존의 관계에 속박될 수는 없었다. 횔덜린은 이것이 튀빙겐에 있는 '죽은 자의 무덤들'이며, 이것은 한 사람의 '죽은 자로 깨우는 자'를 필요로 했다고 회고한다!

1793년의 교회 시험을 위해서 헤겔과 다른 학생들은 미리 주어진

>5 옮긴이 주: 독일의 대표적인 서정시인. 그의 작품은 1800년경의 독일 문학에서 바이마르 고전주의와 낭만주의에서 독자적인 위치를 차지한다.

주제들을 방어해야만 했다. 그 주제들이란 예컨대 냉혹한 전례(典禮) 기계주의(frigidus mechanismus liturgicus)는 목사에게도, 교회에도 어울리지 않는다, 그리고 도대체 가톨릭 미사와 루터 교회는 전혀 통합 가능하지 않다 등이었다. 그러나 어떻게 기독교에서 예배 — 예배 없이는 교회도 없기 때문에 — 와 개인의 자유가 통합 가능한지를 묻는 바로 이 물음은 그의 후기 종교 철학의 주요 모티브가 된다!

그리스 정신에 대한 헤겔의 애착으로 인하여 그와 친했던 횔덜린은 튀빙겐에서 이미 그의 소설 『휘페리온. 그리스의 한 은자』를 저술한다. 1794년 『휘페리온』의 첫 단편이 실러의 『탈리아』에 등장한다. 그는 친구인 헤겔의 기념첩에 "욕망과 사랑은 위대한 행위에 이르는 날개다"라는 괴테의 말을 써 준다. 횔덜린과 헤겔은 자신들이 다니는 교회에서 욕망과 사랑, 그리고 위대한 행위로써 기독교에 봉사할 동기를 찾지 못한다. 그래서 횔덜린은 새로운 교회를 갈망한다.

"오, 하늘에서 오시는 비! 오, 이 감동! 그대는 우리에게 민족의 봄을 다시 가져올 것이다 …. 그대는 그것이 언제냐고 내게 묻는 것인가? 그것은 이 낡아서 더러워진 형태로부터 시대의 애인, 가장 아름답고 젊은 시대의 딸, 새로운 교회가 등장하게 될 때, 깨어난 신적인 것의 감정이 인간에게 그 신성(神性)을, 그리고 인간의 가슴에 아름다운 젊음을 다시 가져올 때, 그때이다. 내가 그것을 알지 못해 예언할 수는 없지만 그것은 반드시 오고야 말 것이다, 반드시 … "(『휘페리온』)

그렇게 그들은 우정의 유대를 '이성과 자유'라는 표어에, 그리고 눈에 보이지 않는 교회의 통합점 위에 세운다. 당시의 많은 사람들과 마찬가지로 그들은 우선 가정교사가 되었다. 헤겔은 스위스 베른의 한 부유한 상인에게로 갔으며, 여름에는 빌러 호수가(beim Bieler See)의 작은 도시 축(Tschugg)으로 갔다. 거기서 그는 매우 고독한 삶의 국면을 영위했다. 오직 친구들(횔덜린은 예나의 발터스하우젠에 있는 칼프가(家)에, 셸링은 우선은 튀빙겐에 있다가 후에는 슈투트가르트와 라이프치히에 있게 된다)과의 서신 교환이 그가 이런 상황을 견디어 내도록 해 준다. 후일 그는 이를 회고하여 이렇게 말한다. 즉 그는 무기력에 빠졌다. 그러나 누구나 자신의 생에서 그러한 전환점, 즉 "자신의 존재가 위축되는 어두운 순간"을 맞이하기 마련이다. 그러나 자기 확신에 도달하기 위해서는 이러한 협곡을 통과하지 않으면 안 된다. 그는 특히 횔덜린과 깊은 우정을 나누는데, 횔덜린은 그리스에 대한 자신의 동경과 그렇게도 강렬하게 체험한 당시의 분열성과 비인간성 사이를 방황했다. 1796년 8월 헤겔은 횔덜린에게 바친 대서사시 '엘로이시스'를 썼다. 이 대서사시는 1906년 5월 7일 한 축제에서 슈타이너의 발의로 시버스(Marie von Sivers)가 낭송했다. 슈타이너가 그의 강연에 시 낭송을 끌어들인 것은 처음 있는 일이었다! 이에 관해서는 나중에 이야기하기로 하자.

그간 횔덜린은 예나에 있는 피히테(Johann Gottlieb Fichte, 1762~1814)[6]에 감동받은 청강생이 되어 있었다. 실러(Friedrich Schiller, 1759~1805)[7]는 횔덜린을 사랑스러운 감정으로 받아들였다. 횔덜린은 괴테와 만나고 나서 감동을 받아 이렇게 쓴다. "형제여, 나는 괴테를 만나 이야기했다네! 그렇게 위대한 인물에게서 그토록 놀라운 인간성을 발견한다는 것은 우리의 인생에서 가장 아름다운 향연이라네."(26.1.1795) 결국 횔덜린은 헤겔을 도와 프랑크푸르트에 새로운 가정교사 자리를 마련해 준다. 헤겔은 1797년 초에 그곳에 도착하여 다시 생활하며, 스스로 말하듯이 다시 세상과 더 가까워지고, 적어도 일주일에 한 번은 희극을 보러 다닌다. 그는 전에 슈투트가르트의 부모 집에서 일하던 하녀에게 그의 영혼은 아름다운 성모 마리아의 모습을 마음 깊이 간직하기 위하여 가톨릭 미사에 참여하노라고 고백하기까지 한다.

프랑크푸르트는 비단 괴테 시예술의 요람일 뿐만 아니라 또한 헤겔 철학의 요람으로 된다. 여기서 그는 분명 피히테와 셸링보다는 먼저, 그리고 횔덜린과 더불어 「요한복음」을 완전히 새롭게 발견한다. 그것은 그에게 기독교와 예수에 이르는 새로운 길을 열어 준다. 이제야 그의 사유는 확고하게 되고, 그의 갈망은 내면적인 방향을 획득한다. 그러나 그는 자기 자신에게 너무나도 엄격한 나머지, 이 시기의

>6   옮긴이 주: 독일의 교육자이며 철학자로서 예나, 쾨니히스베르크, 에어랑엔, 베를린대학 교수를 역임했다. 셸링, 헤겔과 더불어 독일 관념론의 대표자이다. 칸트의 선험적 통각에 연결지어 모든 인식을 형식만이 아니라 내용상으로 절대적 자아의 활동에서 끌어냈다. 자아와 비아, 그리고 그 종합이 절대적 자아의 활동에 의해서 변증법적으로 정립된다고 보았다.

>7   옮긴이 주: 독일의 대표적인 시인, 철학자, 역사가, 특히 극작가로 유명하다. 빌란트(Wieland), 괴테, 헤르더와 더불어 바이마르 고전주의의 사성(四星)으로 불린다.

기획들, 특히 『기독교의 정신과 그 운명』은 너무도 중요한데도 생전에 출간하지 않았을 정도이다. 1907년에야 비로소 이 초기 저술들은 출간된다. 이 저서를 살펴보기 전에 우선 그의 생애에 더 깊숙이 들어가 보자.

1799년 아버지가 세상을 떠나자, 그 얼마간의 유산은 학문의 길을 계속 갈 수 있게 했다. 1798년 이미 23세의 나이로 철학 교수가 되어 있었던 셸링은 1801년에 헤겔을 예나로 초빙한다. 괴테는 또한 그를 중시했었고 그를 예나로 초빙했던 것이다. 헤겔은 벌이가 시원찮은 사강사가 되었다. 이는 그러나 다른 열 두 명의 철학 교수들에 비해서 그리 나쁜 편은 아니었다. 특히 셸링의 강의 양식은 매혹적이었다고 하는데, 그는 자신의 천재적인 면모를 보여 주는 나태한 듯한 외모를 하고 자신감에 가득 차서 강단에 올라 청중을 사로잡았다. 이것은 그에게 철학에서 획기적 영광을 안겨 주었다. 얼마 전에 '무신론 혐의'로 예나를 떠나지 않을 수 없었던 피히테에 대한 기억은 여전히 매우 생생했다. 헤겔의 꾸밈없는 평범한 행동거지는 이에 필적하지 못했으며 온전히 사태만을 지향하는 언변에는 달변가적인 풍부성과 우아함이 결여되어 있었다. 학생들은 뒤늦게서야 서서히 조용한 영혼적 감동을 지닌, 그의 사유가 풍기는 강렬함과 독자성을 발견했다.

당시에 어느 누구도 그의 평온을 깨뜨리지 못했다. 한번은 그가 식사 후 잠이 들었는데, 잠에서 깨어나서 갑자기 그 시간을 세 시에서 네 시 사이에 있는 자신의 강의 시간으로 착각하였다. 그는 서둘러 강의실로 갔는데, 그곳에서는 두 시부터 세 시까지 다른 교수가 진행하는 강의를 듣는 학생들이 있었다. 헤겔은 강의를 시작했으며, 강의에 열중한 나머지 그것을 제지하려는 한 학생의 시도를 알아차리지 못할 정도였다. 그러는 사이에 시간을 잘 지키는 신학 담당 교수는 자신이 한 시간 늦었다고 생각하고 되돌아갔다. 세 시에 헤겔의 강의를 듣는 학생들이 왔을 때, 헤겔은 감각적 확실성의 진리와 비진리에 관하여 말하면서 자신은 한 시간 전에 이에 관한 매우 특별한 경험을 했노라고 덧붙였다.

1806년에 모름지기 그의 가장 유명한 저서인 『정신 현상학』이 출간되었다. 헤겔은 다급하게 돈이 필요했다. 유산은 이미 오래 전에 바닥났고, 벌이는 시원찮았다. 그리하여 이 저서는 매우 급하게 나왔다. 그는 침공해 오는 프랑스군이 자신의 값진 원고를 압수할 수도 있을 것이라 염려했으며, 이는 아주 틀린 생각도 아니었다. 그는 '말 위에 앉아 세계를 호령하고 그것을 지배하는' 나폴레옹을 매우 존경한다.

헤겔은 예나를 떠나 돈벌이를 찾다가 밤베르크에 있는 신문사에 편집 일자리를 얻고, 마침내 뉘른베르크의 에기디엔 고등학교 교장이 된다. 그곳은 파국적인 상태였다. 학생들은 이웃집의 화장실을 이용하고, 교실은 퇴락한 상태이며, 교원의 봉급은 6개월이나 밀려 있을 정도로 비참했다. 동료가 병으로 앓아누우면 헤겔이 수업을 떠맡았는데, 예컨대 희랍어, 독문학, 수학 등의 과목이었다. 그는 마치 모세와도 같이 '무거운 혀'를 가지고 있었고, 종종 하느님은 자신을 철학자가 되도록 저주했노라고 내뱉곤 했다. 그는 수업을 위해서 분명하고 뚜렷하게 자신의 생각을 표현하지 않으면 안 됐다. 학교는 그로 하여

금 스스로를 표현하도록 가르쳤던 것이다.

이 시기에 그는 가장 어려운 저서인 『논리의 학』(*Wissenschaft der Logik*)을 썼다. 그는 뉘른베르크의 한 귀족의 딸과 결혼하는데, 그녀는 그보다 훨씬 나이가 어리며, 평생 조화로운 부부관계를 지속하게 된다. 그후 1811년 가을 한 친구에게 그토록 광범하고도 가장 난해한 내용의 책을 결혼, 첫 학기에 쓴다는 것은 쉬운 일이 아니라고 편지한다. 다급하게 돈이 필요하기 때문에 그는 다시금 서둘러 책을 출판하려 했던 것이다. 이 세 권짜리 저서는 이미 특별한 책인데, 특히 난해하기로 유명하며, 영국에서는 후에 다음과 같은 말이 나올 정도였다. 즉 셸링과 헤겔학파 사이의 대결은 혼란스럽기 짝이 없다. 그 이유는 헤겔과 셸링의 전체적 차이는 전자가 불분명하고 후자는 더 불분명하다는 데 있다.

『논리의 학』은 무엇을 추구하는가? 그것은 사유의 형식적 규칙, 아니 훨씬 그 이상을 서술한다. 그것은 헤겔 스스로 표현하듯이, 「요한복음」에 나타나는 로고스라는 의미에서 창조 이전의 신의 사상을 사유하고자 한다. 그 이유는 신 속에, 신적인 것 자체 속에는 일종의 내적인 질서, 의미의 코스모스와 같은 그 무엇이 있었으나 신은 단순히 밖으로부터 세계를 창조하지 않았기 때문이다. 신이 세계를 창조하기 시작했을 때 신의 내면 속에는 무엇이 있었던가? 논리적 개념과 운동은 로고스, 말하자면 결국 본질성의 내면적 구조가 가지는 그림자의 투사이다. 그것은 실로 거대한 기획이다! 사유 가운데는 로고스가 작동하고 있으며, 그러므로 그 사유를 분명히 체험할 때 나는 로고스를 인식할 수 있다.

1813년에는 장학관이 되었으며, 재정적 궁핍은 좀 개선되기는 했지만, 철학 교수로 초빙되기를 기다리지 않으면 안 되었다. 그는 어떤 한 편지에서, 창조의 여섯째 날 이른 아침, 자신이 창조되기에 앞서 "오, 마지막 피조물이 창조되었을 때"라는 아리아와 함께 등장하는 정신적인 희극 속의 아담과도 같이 기쁘노라고 썼다. 1816년 그는 마침내 하이델베르크로 초빙되었다. 그간 마흔 여섯이 된 상태에서 행한 부임 강연에서 그는 이렇게 공표하였다. "진리에 대한 용기, 정신의 위력에 대한 믿음은 철학의 제일가는 조건이다. 인간은 곧 정신이기 때문에 스스로를 최고로 고귀한 자로 존경하지 않으면 안 된다. 인간은 그의 정신이 가지는 위대함과 위력을 아무리 높이 평가해도 지나치지 않다." 그러나 그는 강의에 네 명에서 서른 명 사이의 적은 수강생과 주당 열여섯 시간으로 만족하지 않으면 안 되었다.

마침내 1818년 베를린에서 초청장이 온다. 그래서 그는 피히테의 후임자가 된다. 거기서 그는 갑자기 공직 생활의 한복판에 서게 된다. 수많은 수강생들이 그의 강의를 듣기 위해서 독일 전역으로부터, 아니 전 유럽으로부터 몰려들었다. 헤겔을 웅변가로 만든 외적인 인상이란 것이 처음에는 비록 매우 조촐한 것이었지만 말이다. 그의 제자들 중의 한 사람은 이것을 이렇게 묘사했다. "그는 고개를 숙인 채 긴장하여 불편하게 자신에게 몰입한 채 앉아서 강의록을 뒤적이거나 쉬지 않고 말하면서 기다란 2절지로 된 노트에서 전후상하로 무엇인가를 찾았다. 계속되는 잔기침은 말의 흐름을 방해했고, 모든 문장은 쪼

개졌으며, 긴장으로 인해서 토막이 난 채로 이루어졌다. 모든 단어와 음절은 제멋대로 분리되었고, 이는 금속성의 카랑카랑한 목소리를 한 슈바벤 사투리로, 마치 모든 것이 가장 중요하기라도 하다는 듯이, 놀랍도록 철저한 인상을 주었다."

1820년 젊은 쇼펜하우어(Arthur Schopenhauer, 1788~1860)[8]가 헤겔과 나란히 강사가 되었다. 그는 매우 거만하게 나타나 ("후세는 나의 기념비를 세워줄 것이다!") 자신의 강의가 헤겔의 본 강의와 같은 시간에 진행되도록 시간표를 짰으나 대부분의 수강생을 헤겔에게 빼앗겼다. 베를린에서 슈바벤 사투리를 하고 또한 세련되지 못한 외모에도 불구하고 당대의 지도적 인물들이 앞다투어 그와 접촉하려고 할 정도로 헤겔을 매력적이고 유명하도록 한 그것은 무엇일까?

그것은 다름 아닌 사유의 위력에 대한 신뢰, 포괄적이고 자유로운 세계 관심 그리고 보다 적합한 표현을 찾아내고자 하는 부지런한 노력의 덕택이었다. 그는 언제나 언어와 사투를 벌였다. 말을 시작했다가는 멈추고, 다시 한 번 시작했다가 적절한 단어가 떠오르지 않을 때는 말하다가도 생각하고 또 다시 말을 이어 나갔다. 그의 언어 구사는 때로 사태에 잘 적중하기도 했지만 종종 그렇지 않기도 했다. 그는 낯선 시대나 민족, 철학 등을 그것이 마치 자기 자신의 세계이며 그것들과 결합하여 자라나기라도 하듯이 내면적으로 묘사한다. 그는 결코

---

[8] 옮긴이 주: 독일의 생철학자로서 형이상학적 염세주의자로 불린다. 1813년 『충족이유율의 네 근거』, 1816년 『시각과 색채에 관하여』, 1819년 플라톤과 칸트, 그리고 인도의 지혜론에 영향을 받은 『의지와 표상으로서의 세계』를 저술했다.

딱 들어맞도록 묘사하는 속성을 가진 단어로 끝맺을 수는 없었다. 그래서 그는 프라하에 있는 황궁에 대해서 말하면서, 그것은 현대식 궁전이며 뉘른베르크의 궁전처럼 그렇게 "네모 반듯하고 정의할 수 없는, 사람이 살지 않는, 비정형적인, 창문이 없는, 오각형의, 기형적인 것"이 아니라고 했다.

1831년 헤겔은 갑자기 뜻하지 않게 콜레라로 서거한다. 그의 영향, 특히 그의 영향의 절정을 이룬 베를린에서의 마지막 13년간을 요약할 때 내면의 윤리적 힘을 간직한 인상은 이러한 인품에서 출발한다. 즉 세계를 향하여 열린 그의 관심은 인간의 마음을 사로잡았으며, 그들의 정신에 대한 새로운 신뢰를 일깨우는 것이었다. 결코 '헤겔주의자'가 아니었던 최초의 헤겔 전기(傳記) 작가인 로젠크란츠는 이것을 이렇게 서술했다: 비단 젊은 두뇌만이 아니라 젊은 가슴에 의해서 새로운 삶이 전율했다.

3. 「요한복음」의 새로운 발견

이러한 전기적인 스케치를 마치고 우리는 이제 특수한 주제 영역, 즉 종교에 대한 헤겔의 관계로 방향을 전환하고자 한다. 바로 여기서 우리는 유익한 동인(動因)을 얻을 수 있다. 헤겔은 전 생애를 통해서 종교 문제에 몰두한다. 비록 이는 후에 학적 체계를 정초하려는 관심의 배후로 밀려나는 듯이 보이기는 하지만.

베른에서 그는 우선 자신이 받아들이는 전통 신학의 내부에서 종교에 대한 자신의 개인적 관계를 발견하고자 하며, 『예수의 생애』라는 복음 해설서를 저술한다. 그러나 만족하지 못한 나머지 이 작품을 완성하지 않는다. 그는 정말 작품을 완성할 방법을 찾지 못했다. 그는 그리스의 애호가이자, 그리스의 숭배자인 소크라테스와 예수를 비교한다. 그리하여 이 비교에서 소크라테스는 훨씬 나은 방법을 제시한다! 그 이유는 소크라테스는 강의를 하지 않으면서 물음을 던지고,

그의 학생들은 독립된 개인들이었던 반면 젊은 예수를 따르는 무리들은 동등한 사람들로 구성된 정규 집단이었기 때문이었다. 헤겔은 모든 것에 의문을 제기하고 그것을 해결하고자 하는 자유로운 정신을 소유한 소크라테스를 예수보다 높이 평가했는데, 특히 그 철학적 물음 때문에 그러했다. 이렇게 하여 헤겔은 제단에 이성이라는 신을 등장시키고자 했던 계몽주의 전통에 서는 셈이다. 그리고 이 시기, 즉 베른 시대에 그는 완전히 기독교를 떠나서 배타적으로 정치와 경제에 관한 연구에 몰두한다. 헤겔이 기독교에 이르도록 새롭고도 인간적인 통로를 열어 주었고 후일 스스로 자신의 시에서 유일자로서의 예수에 관하여, 그리고 빵과 술에 관하여 언급한 것은 횔덜린이다. 횔덜린은 바로 이 주제에서 기독교에 매우 깊이 들어간다. 횔덜린은 자신의 거대한, 긴장된, 동경적인 영혼 가운데서 새로운 교회를 고대한다. "시대의 애인 … 새로운 교회는 확실히 올 것이며" 인간에게 신적인 것을 위한 감정을 다시금 가져다 줄 것이다.

이제 헤겔과 횔덜린은 프랑크푸르트에서 「요한복음」[1]을 새로이 공부하게 된다. 그리고 여기서 예수뿐만이 아니라 그리스도(구원자)에 이르는 문이 열린다. 헤겔이 말하기를, 다른 복음서에서는 예수 그리스도가 인간에게 부여한 가르침을 많이 만나지만, 「요한복음」에서는 예수 자신을 만난다. 헤겔이 맞닥뜨렸던 그리고 그의 전 생애에 대한 슬로건이 되었던 그리스도의 한 마디는 참으로 각별한 것인데, 이

>1 옮긴이 주: 신약 성서에 들어 있는 네 번째 복음서이다. 예수 그리스도 신앙의 중심 토대로서 매우 독특하게 서술하는 신학적 성격을 가지고 있다.

것은 사마리아 여인과의 대화에 나오는 이러한 말이다. "신을 경배하
는 자는 정신과 진리 안에서 행위해야 한다"(「요한복음」 4,24). 이것
은 헤겔이 인간 내면에 있는 정신적인 것을 발양하도록 한 주도적 동
기가 되었다. 이 내면의 정신이란 신을 경배하는 경지인 것이다. 기도
가 단지 감정만이 아닌 정신과 진리 안에 있을 수 있기 위해서 인간의
정신은 어떠해야 하는가? 이러한 물음이 제기되는 이유는, 당시에 체
험된 — 오늘날도 여전히 — 이 문제를 야코비(Friedrich Heinrich
Jacobi, 1743~1819)[2]가 고전적으로 이렇게 공식화했기 때문이다.
"빛은 가슴속에 있다. 그러나 내가 그것을 그렇게 그대로 분별(혹은
悟性, Verstand)하려고 하면 사라져 버린다." 그는 자기 자신 속에서
시간의 분열을 느낀다고 하며, 그 까닭은 그가 '전체의 마음을 가진
그리스도'이지만 '분별을 가진 이교도'이기 때문이라는 것이다.

  헤겔은 이 문제를 해결하고자 했다. 단지 가슴으로, 감정으로 신
앙한다는 것을 그는 당시의 사람들에게는 너무나도 하찮은 것이라고
생각했기 때문이다. 그는 이후에 이에 관해서 당시의 가장 잘 알려진
신교 신학자의 한 사람이며 종교를 신에 대한 종속 감정 위에 정초한
슐라이어마허(Fridrich Daniel Ernst Schleiermacher, 1768~1834)[3]

[2] 옮긴이 주: 1807-12년 과학 아카데미 원장으로서 루소, 괴테, 하만, 헤르더의 사
   상과 관련을 맺었다. 칸트와 멘델스존의 비판가로서 계몽사상의 합리주의에 저항
   하는 감정 철학, 신앙 철학의 용어를 전개했다. 질풍노도와 실러, 장 파울, 낭만주
   의에 영향을 끼쳤다.
[3] 옮긴이 주: 독일의 신학자이며 철학자, 철학적 낭만주의의 대표자이다. 할레대학,
   베를린대학의 교수를 지냈으며 계몽주의, 그리고 피히테와 헤겔 철학의 적대자로
   서 해석학을 정초했다.

와 뜨거운 논쟁을 벌였다. 슐라이어마허는 인간이란 스스로가 신에게 종속되어 있음을 의식하고 또 느끼지 않으면 안 된다고 하였던 것이다. 헤겔은 극단적으로 흥분했다. 그는 본래 오히려 조용히 숙고하는 편이었으나 매우 열정적일 때도 있었다. 그래서 다음과 같이 썼다. "만일 슐라이어마허 선생의 생각이 옳다면 개가 최선의 그리스도일 것이다. 개는 주인에 대한 종속 감정을 매우 강하게 가지기 때문이다!" 이로써 무슨 일이 벌어졌을 지는 상상하기 어렵지 않다. 그들이 그다음에 다시 부드럽게 화해했다고 하기는 하지만.

말하자면 한편에는 가슴, 즉 감정을 가지면 그리스도이고, 오성 (분별력)을 가지면 이교도라고 유포된 견해가 있었던 것이다. 이에 반해 「요한복음」에서 헤겔이 새롭게 발견한 것은 정신과 인식적 진리 안에서 신을 경배하는 일이다. 여기서 제기되는 물음은 이 정신이란 도대체 무엇인가 하는 것이다. 이제 헤겔은 「요한복음」에서부터 정신 개념을 철학적으로 설명하고 해명하고자 한다. 그는 사랑도 신의 개념에 대해서는 보다 적합하고 보다 이해하기 쉬운 개념일 것이지만 정신은 보다 심오한 개념이라 말한다. "신은 정신이다" ― 여기서 그는 이것을 아주 새롭고, 심오하게 체험했음이 틀림없다. 그리고 동시에 정신과 진리 안에 존재하고 거기서 경배드리며 신과 만날 인간의 가능성 역시도 체험했음이 틀림없다. 그런데 인간 안에 있는 정신은 단순한 오성으로 격하된다. 우리 모두는 이방인이 되어 버린다. 우리는 오성이 되어 버린 사유를 다시금 정신으로 고양시킬 수 있는가? 헤겔은 「요한복음」의 성령 강림을 체험한다. 여기서 인간은 다시금 정신으로 변화될 수 있으며, 계발될 수 있다. 그러나 이러한 계발은 결코 외부에서 오는 낯선 계발이 아니라 인간이 자신의 연료를 불태우고 자기 자신의 불꽃이 될 때에만 일어나는 요한의 의미에서의 계발이며 정신화이다. 철학자도 성령 강림이 필요하며, 그의 사유는 섬광에 의해서 비추어지듯 그렇게 성숙할 필요가 있다. 원래 사유란 종교로부터 배제되어야만 하는가 혹은 사유 자체가 기독교적, 종교적 삶의 부담력 있는 요인으로 변화될 수 있는가 하는 물음이 중요하다.

  헤겔은 「요한복음」에서 출발하여 세례와 성찬을 새로운 시각으로 바라본다. 이는 그야말로 신교 교회가 성사(聖事)로 공인하는, 유일하게 신을 경배하는 행위이며, 바로 그렇기 때문에 그의 관심은 특별히 그것을 지향했다. 예수의 세례에서는 도대체 어떤 일이 일어났던가? 헤겔은 이를 매우 섬세한 내적인 지각 기관으로 묘사하고 서술하여 그 안으로 들어가 그것을 손수 발견해 내고자 했다. 헤겔은 그것을 새로운 세계로 들어가는 감격스러운 성축식(聖祝式)이라 부른다. 세례란 인간 예수에게 계시되는 전혀 새로운 세계로 들어가는, 감격적인 성축식이요, 개방 의식(儀式)인 것이다. 이러한 인간의 전체 본질은 새로운 요인으로 변화되고, 이를 통해서 인간에게는 다른 세계, 즉 감각 세계를 넘어서 아버지의 음성이 들리는 신적인 세계가 열린다. 헤겔은 이제 기독교의 신비를 벗겨낸다. 그러면 성찬이란 진정 무엇인가? 그것은 곧 사랑 속의 이별이다. 그러나 이 사랑은 이제 죽어 가는 예수 그리스도에서 출발하고, 그를 벗어나며, 그를 떠나 빵과 포도주를 함께 결합시키는 실체적인 무엇이다. 우리는 이것을 알아차릴 수 있는가? 요한은 이를 알아차렸던가? 그는 어떤 감관으로 그것을 알아차렸는가? 외적인 눈으로 보면 빵과 약간의 포도주, 음료수와 같은 물질적인 재료가 존재하기 때문이다. 그러나 헤겔이 '환상'이라 불렀던 정신적인 눈으로 보면 성찬의 실체에 붙어 있는 신적인 것이 나타난다. 이 환상이 사물 안에 있는 사랑을 포착해야만 하는 어려운 과제를 충족시키는 한에서 그러하다. 여기서 환상이란 무엇인가를 생각해 내고, 몽상해 낼 가능성이 아니라 감각적인 것 가운데 감추어진 것, 감각적인 것과 결합되어 있는 정신, 감각적인 것 가운데 있는 정신적인 것을 지각하고 직관하는 힘이다. 이로써 보건대 헤겔은 나중에 가서야 비로소 친근한 친교 관계를 맺은 괴테와 얼마나 유사하단 말인가! 성찬 가운데는 바로 그리스도 자신의 힘, 실체를 넘어서는 그리스도의 사랑의 힘이 있다. 그리고 "환상"은 사물 가운데서 사랑을 보고 체험해야 하는 어려운 과제를 가진다.

그러나 그에게 기독교의 비밀은 너무나 새로웠으며 그것을 인식하고자 고투하는 가운데 자기 자신이 너무 불충분하다고 느꼈기 때문에 헤겔은 이 기획을 결코 직접 출간하지 않았다(이 기획은 1907년에야 비로소 『청년 헤겔의 신학론집』(*Theologische Jugendschriften*)으로 출간되었다). 후일 그는 언젠가 바로 이 점에서 직접 출간하며 학업을 마친 셸링과 대비된다고 술회했다. 셸링은 매우 젊었을 때 이미 출판을 시작했으며 틀림없이 손수 교정 작업도 했을 것이다! 헤겔은 그렇게 하지 않았다. 그는 우선 사태가 무르익도록 한 다음 독자들 앞에 확실한 것을 내세우고자 했다. 그러나 오늘의 우리에게는 기독교의 정신과 그 운명에 관한 이 기획, 이 고투와 좌절 — 그는 많은 곳에서 좌절했기 때문에 — 이 아마도 완성된 것, 완전한 것보다 더 흥미진진하기까지 하다. 이와 마찬가지로 후에 그가 행한 강의들은 내면적으로 열려 있으며 그렇기 때문에 오늘의 우리에게는 완성된 체계적 저작들보다는 많은 점에서 훨씬 생산적이다. 그가 스물일곱에서 서른한 살이 되는 1797년으로부터 1801년까지의 기간은 「요한복음」에 의한 기독교의 새로운 발견이라는 특징을 가진다. 흥미롭게도 헤겔은 여기서 피히테와 셸링을 앞선다. 피히테는 1799년 무신론 사건(!)으로 인하여 예나에서 추방된 고통을 종교에 대한 심오한 인식으로 옮겨 놓았고, 「요한복음」에서 『복된 삶을 위한 지침』(1804)을 읽어 냈다. 1854년까지 살았던 셸링은 자신의 후기 철학에서 요한을 미래에 올 기독교, 즉 정신의 기독교의 정령(精靈)으로 보았으며, "내가 교회를 세웠더라면, 나는 그것을 요한에게 헌정했을 것이다"라고 고백했다.

요한에 대한 천착은 헤겔의 인간상(人間像)에 반작용을 가한다. 인간의 본질에 대한 그의 상(像)은 바뀌었는데, 이는 겸손이라 부르는 것에서 가장 잘 드러난다. 헤겔은 스스로의 비참함과 가련함을 항상 강조하는 것이 잘못된 겸손이라고 폭로한다. 그렇게 해서는 자기 자신을 결코 벗어날 수 없다는 것이다. 또한 그렇게 하면 정신적인 것은 건전한 공기와 신선한 물을 더 이상 받아들이지 못하고, 그 내장을 짓누르는 바람과 재채기와 잔기침에 관해서도 일기를 쓰거나 그 밖에 자기 이외에는 어느 누구와도 더 이상 관계하지 않는 환자처럼 될지도 모른다. 스스로를 겸손하다고 사칭하는 것은 종종 내적인 교만과 자만이라는 것이다. "우리는 결코 쓸모가 없다. 그리고 우리는 전혀 쓸모가 없기 때문에, 아무런 쓸모가 없는 것이며, 또한 쓸모가 있고 싶지도 않다"고 그들은 말한다.

「요한복음」으로부터 전혀 다른 바람이 그에게로 불어 온다. 여기서 인간의 힘, 인간의 신적인 가능성에 대한 신뢰가 생겨난다. 요한은 인간 안에는 어떤 힘이 있으며, 신이 예수 안에 있었다는 사실을 부정할 때 인간은 멸시된다는 사실을 알았기 때문이다. 베른에서 헤겔은 "인간 안에 신이 살고 있다"는 말을 아직은 낯선 규정이라 부정했었다. 이제 그는 정신을 인간의 보다 높은 고유성으로 파악한다. 자기 안에 신을 살도록 함으로써 비로소 인간은 스스로 완전한 인간이 된다. 역설적으로 말하면, 종교는 인간을 자기 자신에서 자기 자신으로 해방시킨다! 이것은 신에게도 그 무엇인가를 의미한다. 인간 안에 있는 정신으로서의 신의 정신은 스스로를 새롭게 인식할 수 있기 때문이다. 그러므로 헤겔에게 참된 기독교적 겸손이란 자신의 비참함 가운데 머무르는 것이 아니라 정신을 포착함으로써 그것을 넘어서 스스로를 높임을 뜻한다. 그렇게 정신은 신이 자기 자신을 인식하고 반조할 수 있는 '얼룩 없는 거울' (에카르트)이 될 수 있다.

4. 유럽적 오성과 영기(靈氣)적 이성

그러나 이렇게 하여 헤겔은 악을 뛰어넘고 무시하는 것은 아닌가? 『성경』은 "선악을 알(인식)게 하는 나무에서 과일을 따먹지 말라"(「창세기」 2, 17)는, 아담이 범한 인식 금기에 관하여 말하지 않는가? 모순은 이미 구약에 언급되어 있다. 왜냐하면 이후에 뱀이 약속한 신의 행위가 입증되었기 때문이다. "보라, 아담은 우리 중의 한 사람이 되었으며, 무엇이 선하고 악한지를 안다"(「창세기」 3, 22). 이 역설은 헤겔을 고무시켰다! 인식은 한편으로는 존재해서는 안 될 무엇이고, 다른 편으로는 바로 그것으로 인해서 인간이 신적으로 되는 그것이다! 이 모순은 어떻게 해결될 수 있을까?

　우선 물을 수 있는 것은 헤겔은 과연 악 일반을 인정하는가 하는 것이다. 그는 악을 진지하게 받아들이는가? 그는 이것을 어떻게 묘사하는가? 그는 악에 대하여 자주 말하지는 않는다. 그런데 이 악을 말하는 아주 드문 귀절은 더욱 흥미롭다 못해 진짜 금싸라기와도 같다!
헤겔은 악의 근원을 인식의 양식으로까지 거슬러 올라가 추적한다.
구약에서 원죄의 영향으로 묘사되는 것은 최초의 남녀 인간이 스스로
벌거벗었음을 알게 되었다(「창세기」 3, 7)는 사실, 즉 그들은 외적인
감각적 현실을 그대로 보았다는 사실, 신적-정신적인 것으로부터 벗
어나 있다는 사실이다. 이것은 헤겔에게 있어서 이러한 것을 뜻한다.
즉 '유럽적 오성'은 "의식되는 것으로부터 … 모든 정신을 추출해 내
고 그것을 절대적 객관성으로, 단적으로 정신에 대립하는 현실로 고
정시키는 … 사유 방식이다"(WW 1, 417). 유럽적 오성은 낙원에 있
는 사과에서 그것이 어떤 품종이었는지를 묻는 것이다! 이런 종류의
인식은 현실과 맞지 않는다. 그것은 현실을 일그러뜨린다. 이런 의미
에서 헤겔에게는 관찰이라는 그 자체가 이미 악이며, 이는 인간을 언
제나 새롭게 세계 안에 있는 신적인 것으로부터 그리고 자기 자신의
신적인 근원으로부터 분리시킨다.

나아가서 헤겔은 이 분리가 인간을 병들게 하며 우리가 외적인 과
학의 진보와 모든 기술적 성과를 힘입고 있는 보통의 인식이란 그 자
체만으로는 우리 인간을 부패하고 타락하도록 한다고 말한다. 악은
신으로부터 분리되는 곳에 자리하며, 그러한 인식은 악의 원천이다.
그러나 인식의 복음인 「요한복음」의 의미에서의 인식이란 동시에 신
성(神性)의 원리이다. 어떻게 이 양자가 가능한가? 양자는 인식이라
는 점에서는 동일하지 않은가?

1801년 가을 헤겔이 예나에 도착하자 셸링이 반갑게 맞이한다. 그

후 2년 넘게 그들은 공동으로 『철학 연감』(*Kritische Journal der philosophie*)이라는 철학 잡지를 발간한다. 그 안에는 1802년 가을에 나온 「철학 일반의 본성에 관하여」("Über die Natur der Philosophie überhoupt")라는 논문이 들어 있다. 이 논문은 두 사람에게 너무나 중요해서 후일, 과연 누가 그 글을 썼는지를 논쟁하게 된다! 그 사상의 전개 과정은 짧게 다음과 같다. 영혼의 정화는 참된 인식의 조건이다. 영혼은 육체 속에서 사유와 육체를 분리시킴으로써, 육체로부터 해방됨으로써 정화된다. 이를 통해서 육체도 더 이상 영혼의 감옥이 아니라 신적인 무엇으로 나타난다. 영혼의 고양 — 지금까지는 미사에서 '가슴을 향하여'(surum corda)란 말은 종교의 특권이었다 — 은 참된 인식의 조건이다. 즉 참된 철학은 죽음을 연습하고, 사유를 육체로부터 분리시키며, 신으로 고양되어야 한다. 이런 의미에서 참된 철학은 필연적으로 종교이기도 하다.

아퀴나스(Thomas von Aquin, 1225~1274)>**1**가 신적인 인식을 전개하기 위하여 어떻게 사투를 벌였고, 신비주의자, 예컨대 에카르트(Meister Eckhart, 약 1260~약 1328)>**2**가 신앙을 보다 높은 인식(관조)으로 변화시키려고 노력했다는 이유로 교회로부터 어떤 형벌을

>1 옮긴이 주: 가톨릭의 도미니코회원이며 마그누스의 제자로서 스콜라 철학의 가장 중요한 철학자이자 신학자이다. 아우구스티누스와 더불어 후대의 철학적-신학적 사유의 계속적인 발전에 가장 큰 영향을 미쳤다. 기독교 전통을 아리스토텔레스주의와 연결시켰다.

>2 옮긴이 주: 중세의 걸출한 신비사상가로서 가톨릭 도미니코회원이다. 그에게서 유럽적 신비주의의 가장 원초적인 신(神)경험을 만날 수 있다.

받았던가를 상기해 보자! 이제야 비로소 이를 위한 시기는 무르익은 듯이 보인다. 우선 이승의 인간은 확고하고 자유로우며 자각적으로 되어야만 할 것으로 보인다. 그러나 이것은 동시에 신으로부터 인간의 분리요, 악의 원천이며, 질병의 원천이다. 그러나 인식 자체 속에 전환의 가능성이 있다. "너희의 정신을 바꾸어라!"는 세례 요한의 복음은 "너희의 생각을 바꾸어라!"는 새로운 시의성을 얻는다. 신비 속의 경험 ― 신비적 죽음을 관통하는 통로 ― 은 생각 속의 경험으로 될 수 있다. 생각의 발전은 이렇게 내적인 정화의 길로 된다. 이 길은 죽음의 체험과 더불어 시작된다. 그래서 헤겔은 후일 그의 베를린 시대에 다음과 같이 공식화한다. "철학하는 결단은 순수하게 사유 속에서 고동친다(사유는 자기 자신에 있어서 고독하다). 이 결단은 거칠 것 없는 대양에서처럼 고동친다. 모든 색색깔, 모든 지지점은 사라지고 그 밖의 모든 친근한 빛도 소멸된다. 오직 하나의 별, 정신의 내면적인 별만이 빛난다. 그것은 북극성이다"(Berl. Schr. 19f.). 얼마나 놀라운 광경인가!

1802년의 논문에서는 이러한 사유가 그리스도와 직접 연결된다. 원초적 분열과 지적인 타락의 해소는 철학에서 칭송될 수 있기 때문이라는 것이다. 그러나 그 가운데서 새롭게 생겨난 신성(神性)의 삶을 인식하는 자만이 새로운 의미에서의 철학을 이해한다고 한다. 신은 스스로 인간이 됨으로써 비로소 다시 인간 일반을 고양시킬 수 있게 된다는 것이다. 한 인간 속에서 시작되었던 것은 모든 인간에 의해서 포괄된다고 한다. 이 점에 기독교의 무한한 미래를 위한 맹아가 있다.

그것은 유한자 속에서 무한자를 상상하는 것, 자연적인 것 속에 있는 신적인 것을 직관하는 일이다.

　이러한 과정을 통해서 인식 자체가 다른 것으로 된다. 먼저 질병의 원천이 인간 건강의 원천으로 된다. 정신의 별에 의해서 비추어진, 새롭게 획득될 수 있는 "인식은 상처를 치유하는데, 이 상처란 곧 인식 자체이다." 그렇게 하여 비로소 인간은 그의 형상에서만이 아니라 그의 인식에서도 신을 닮게 된다. 악의 원천이 인간의 미래적 신성의 토대로 변화한다. 헤겔에게 「요한복음」은 자신에게 점차로 열렸던 기독교의 가장 심오한 비밀로 나아가는 입구가 되었다.

　헤겔은 점점 심오하게 이 분리를 일종의 원현상(原現象, Urphäno-men)으로 파악하고자 한다. 인식에 의해서 인간은 세계로부터 분리된다. 그리고 이를 통해서 인간은 자신 안에서 훨씬 강하게 자기 자신을 체험한다. 그는 더 이상 세계에 덤으로 주어진 것이 아니라 섬광, 내면적 섬광, 내면을 향하는 관심의 중심이다. 인간과 세계는 분리되어 대립한다. 그리고 주관과 객관의 대립 상태가 등장한다.

　그러나 인간은 오직 이렇게 해서만 자신의 고유한 본질을 발전시킬 수 있으며, 심지어 신적인 세계가 자신의 고유한 본질을 발전시키려는 것과는 다르게 행위할 수 있다. 말하자면 분리는 자유의 토대이다. 그리고 이렇게 함으로써 동시에 신적인 것에 저항하여 행위할 수 있는 가능성이 연결되는 것이다. 헤겔은 이를 요약하여 '인식은 상처를 낸다'(Das Erkennen schlägt die Wunde)고 말한다. 다른 곳에서 헤겔은 '인식은 곧 상처다' 라고 말한다. 상처에서는 무엇인가가 쪼개지고, 찢겨진다. 그래서 그는 우선 수행되는 그대로의 인식의 활동을 세계 전체에 있어서의 상처로 느낀다. 거기서 무엇인가가 찢겨진다. 일단 인간과 그를 둘러싼 세계, 그러나 또한 세계 내부에 있는 감각적인 것과 정신적인 것 역시도 이제는 인간에 의해서 비로소 분리된다. 그래서 이것은 타락의 사건 이후 태고의 낙원의 유희에서는 다음과 같이 인상 깊게 드러난다. "거기서 세계 전체는 상처를 입는다!"

그 위에 세워진 현대적 인식을 헤겔은 유럽적 오성이라고 부른다. 여기에 벌써 우리가 후에 니체(Friedrich Wielhelm Nietzsche, 1844~1900)**>3**와 다른 사람들에게서 만나게 되는 문화 비판에 관한 무엇이 예고된다. 유럽적 오성은 무엇을 하는가? 그것은 그에게 마주치는 모든 것으로부터 정신적인 것을 벗겨내고 물질적인 것, 즉 헤겔이 분명히 말하듯이, 자연의 더럽혀진 시체만을 남긴다. 말하자면 인식은 자신을 세계로부터 분리하며 정신적인 것, 신적인 것을 물질적인 것으로부터 분리한다. 이렇게 하여 인식은 새로운 현실을 만들어 낸다. 이것은 도대체 어떻게 극복될 수 있고, 어떻게 치유될 수 있으며, 어떻게 계속 발전시킬 수 있을까?

>3 옮긴이 주: 독일의 실존철학자로서 스위스 바젤대학 교수를 지냈다. 전통 철학에서 경시한 유한자, 생성, 생명에 대한 변호자로서 현실을 초월한 무한자, 절대자, 신 등을 환영에 불과한 것으로 간주했다. 그리하여 초인간적인 것을 인간 속으로 옮겨 초인이 되고, 영원성을 시간 속으로 옮겨 영겁회귀가 되며, 존재를 생성 속으로 옮겨 디오니소스적인 것으로 된다. 이렇게 그는 인간을 초인으로, 시간을 영원으로, 생성을 존재로 높인다. 이 모든 것은 초월과 내재의 모순에서 비롯되며, 그 동일성을 총괄한 곳에 "권력에의 의지"가 있다고 보았다.

여기서 우리는 헤겔의 영기론(靈氣論, Ätherlehre)에 도달하게 되는데, 이 이론이 아직까지 상세하게 주제화되지 않았다는 사실은 매우 놀라운 일이다. 이는 헤겔이 끊임없이 자신의 철학 체계를 새롭게 기획하는 1802년부터 1805년 사이의 이론이다. 여기서 제기되는 문제는 비단 누가 세계를 창조했는가 하는 것만이 아니라 세계가 무엇으로부터 창조되었는가 하는 것이다. 세계는 어디에서 생겨났는가? 그 대답은 '원일자(原一者), 최초의 영기로부터'라는 것이다. 거기에는 아직 우리가 일상적으로 생각하는 의미에서의 물질은 존재하지 않는다. 거기에는 오직 신 자신만이 있을 뿐이다. 그러나 외적 세계의 발생은 신이 창조자로서 뿐만 아니라 세계의 원질(原質, Urstoff)로서 생각될 때에만 파악될 수 있다. 그 이유는 신은 세계를 자기로부터 창조했기 때문이다. 이러한 의미에서 헤겔은 예나 시대 애호 개념의 하나인 '영기'에 관하여 말한다! 영기는 자체 속에 정신과 물질을 포괄한다. 영기는 그 자체로 모든 것이며, 절대적 발효 과정, 절대적 불안이다. 그것은 모든 창조에 앞서 배태된 원질, 무한한 탄력성, 절대적 생명력, 모든 것의 융해이다.

영기는 동시에 불과 불꽃으로 나타나기 이전의 원열(原熱, Urwärme)인데, 열기가 있는 물질이 아니라 잠재된 열, 힘 있는 존재, 존재하는 융해이다. 그래서 이 열은 만물의 절대적 근거이며 본질이다(여기서 우리는 분화되는 순수한 열로서 납상태의 땅이라는 슈타이너의 묘사와 분명한 유사성을 발견할 수 있다!). 발음(發音, Aussprechen), 즉 창조 작용에서 발음된 말을 듣는 원기(原氣, Ur-Luft)가 발생한다.

계속되는 작용에서 동시에 확장되고 그렇게 하여 비로소 공간과 시간
을 낳는, 집중으로서의 원광(原光, Ur-Licht)이 생겨난다. 중력 가운
데서 모든 부분들을 유동시키는 삼투 작용, 즉 생명의 부담자로서의
원수(原水, Ur-Wasser)가 형성된다. 이렇게 하여 최초의 '처녀지'가
형성되었다. 계속되는 발전은 우리가 알고 있는 그대로의 땅으로, 분
리로, 고착화로, 점의 절대적 경직성으로 나아간다. 셸링도 계속해서
새로운 시도를 하면서 세계가 신적인 것으로부터 발생한다고 생각했
다. 그는 이것을 '세계 연령'이라 불렀다. 우리는 이 시도에서 이렇게
체험할 수 있다. 즉 거기에는 더 이상 근거가 없으며, 자연의 시체 위
에 고착된, 유럽적 오성이 동요한다!

  그러나 사유가 자기 자신 안에서 자기를 유지하고 육체에서 해방
되어 실존하는 법을 배운다면, 그것은 헤겔에게는 순수하게 정신적인
것 안에서 살 수 있는 영기적 이성이 되는 것이다. 이러한 이성은 최초
에 어디에 존재했던 것일까? 흥미롭게도 헤겔은 이에 대해서 그리스
철학자들에 있어서가 아니라, 예수 그리스도 안에서라고 답한다! 신
은 자기와 일치한다는 예수의 확신은 스스로를 신과 화해시킬 수 있
는 영기적 이성이 최초로 출현함을 뜻한다. 개인으로서의 예수가 세
계의 근거와 하나로 됨은 새로운 종교의 추축(樞軸)이다. 예수 그리스
도의 영기적 이성 가운데서 세계는 다시 정신과 화해한다. 예수의 삶
과 죽음에 의해서 신은 낮아졌으며, 그의 부활에 의해서 인간, 그리고
잠정적으로는 인식하는 인간 역시 신격화되었다. 그 까닭은 그리스도
와의 관계에 의해서 인간의 사유도 역시 변화할 수 있으며 신성화(神

聖化)될 수 있기 때문이다. 서른 살의 헤겔은 그의 프랑크푸르트 시대의 마지막에 인간의 새로운 신성(神聖)함에 대하여 강한 어조로 말한다. 이 신성함에 의해서 세계는 다시금 신과 결합한다는 것이다. "다시 신성해진 인간으로부터 다시 깨어난 생명의 사원과도 같은 전체 자연 역시도 다시 신성해진다. 만물에게 새로운 신성함이 부여된다 … 만물에 내려진 낡은 저주는 풀리고, 전체 자연은 은총을 입게 되며, 그 고통은 해소된다." 헤겔은 이후에 결코 다시는 프랑크푸르트 시대의 마지막에서처럼 그렇게 심원하게 그리스도에 의해서 규정된 새로운 세계를 들여다보지 않는다. 그 자신도 말하듯이, 그러한 화해의, '세계 안식'의 토대는 영기적 이성이다.

영기적 이성은 어떻게 활동하는가? 그것은 감각적인 것을 지각하지만 동시에 스스로 부단히 감각적인 것으로부터 멀어져서 정신적인 것 안으로 들어갈 수 있다. 이 정신적인 것은 그러나 감각적인 것 가운데서 동시에 작용하는 것이다. 이처럼 감각적인 것으로부터 멀어져 감을 헤겔은 유한적 생명이 무한적 생명으로 비약함, 높여짐이라 부른다. 이 높여짐이란 헤겔에게는 곧 종교이다. 그리고 이것은 곧 인간이 이러한 비약을 할 수 있다는, 인간 속에 있는 원시적 능력이다. 바로 이렇게 이행해 감이 다름 아닌 참된 사유이기도 한 것이다. 그것은 감각적인 것에 속박되지 않으며, 감각적인 것의 밧줄에 얽매여 사유하지 않고 이렇게 비약하는 것이다. 그러나 이것은 단지 한 측면일 뿐이다.

5. 정신의 외화(外化)하는 힘

정신의 힘은 이중적인 것이다. 그것은 한편으로 감각적인 것으로부터 멀어지는 힘이며, 그러나 다른 한편으로는 현세적인 것을 포괄하는 힘이기도 하다! 언젠가 한번 헤겔은 "어떠한 승려의 나약함도 현세적인 것을 (두려워하지 않는다)!"이라고 외쳤다. 자기를 외화(外化)하는 정신의 힘이란 무엇인가? 그런데 이것은 다시금 가장 깊숙한 기독교적 모티브이다. 즉 정신의 힘은 현세적인 것 안으로 들어가서 거기에 침잠하고, 그 안에서 몰락하지 않고 그것과 더불어 산다는 사실에서도 드러난다. 그리고 헤겔은 이제 아주 새롭게 정신, 즉 신적인 세계가 이러한 일을 신의 아들 그리스도 안에서 실행했음을 알게 된다. 신의 아들은 현세적인 것 안으로 끌어내려졌고, 죽음에까지 이르렀으며 죽음을 무찔렀다. 죽음에서, 몰락에서 아들은 승리했으며, 인간의 본질을 부활시켰다. 그는 헤겔이 바울과 더불어 칭하기도 한 그대로 새

로운 아담이다. 그런데 이 과정은 이제 영기적 이성, 일종의 새로운
사유를 위한 모범이 되기도 한다. 이 사유는 무엇을 해야 하는가? 이
사유는 현세적인 것 안으로 침잠해 들어가야 하고, 세상에 존재하는
모든 것, 모든 극단적인 것, 심지어 악한 것까지도 포용하려고 해야
한다. 그리고 그럴 때에 비로소 이러한 사유의 힘이 드러나는데, 그것
은 악을 비롯한 세상에 존재하는 모든 것, 심지어 악이나 극단적인 것
을 배제하거나, 두려워하거나 아니면 눈을 감거나 하지 않고 모든 것
을 직시하는데, 그것은 이 모든 것을 포용하는 전체라야 비로소 진리
이기 때문이다. 그리고 그럴 때 모든 극단적인 것과 존재하는 모든 것
을 직시하는 이 과정에서 사유가 체험하는 것을 헤겔은 사변적 수난
절(受難節)이라 부른다.

 예수 그리스도는 역사적으로 그의 생존 가운데서 수난절을 겪었
다. 그런데 헤겔이 발전시키고자 한 사유는 인식에서 유사한 과정을
거친다. 말하자면, 이 사유는 창조에서 생성된 것, 인간이 세계에서
분리되고 세계 안의 물질과 정신이 분리되어서 생성된 것, 요컨대 존
재하는 모든 것을 지향한다. 그래서 인간 정신의 힘은 부정적인 것과
악을 포함하여 모든 것을 싸잡아 포괄할 것이 요구된다. 정신의 가장
심오한 힘은 정신, 즉 인간의 직관이 이러한 극단적인 것, 악, 부정적
인 것을 견디어 낼 수 있을 때에 드러난다. 이를 오늘날의 경우에 잠
깐 밝혀 보자. 얼마나 쉽사리 우리는 모든 경악스러운 것에서 눈을 돌
리거나 아니면 우리에게 전혀 도움이 되지 않는 것에 현혹되는 경향
이 있는가. 우리의 과제는 이러한 모든 것들이 분명 존재하는 무엇이

기는 하지만 창조를 일탈한 잘못된 것임을 직시하는 일이다. 정신의
힘은 부정적인 것을 직시하고 이를 견디어 낼 수 있는 사람에게서 비
로소 생동하게 된다. 이 견디어 냄이란 부정적인 것[1]을 존재로 역전
시키는 마력이기 때문이다. 창조를 일탈한 잘못된 것이 다시금 원존
재(原存在, Ursein) 안으로 불러들여 진다. 창조를 일탈하여 잘못된 것
은 원래는 이 원존재로부터 산출된 것이다. 왜냐하면 모든 존재, 모든
생존은 결국은 신적인 것 자체로부터 유래하기 때문이다. 그런데 횔
덜린이 후일 말하게 되듯이, 모든 존재는 신에서 소외되어 사분오열
되는 길을 갔던 것이다. 헤겔은 우리 자신이 이 사분오열 안으로 들어
가서 함께 가야 한다는 사실을 체험한다. 왜냐하면 "더러워진 양말은
찢겨진 것보다는 낫지만 자기 의식은 그렇지 않기" 때문이다. 사분오
열을 감내해 내는 가운데 비로소 자기 자신을 극복하고 이를 통해서
마침내 세계를 다시금 신으로 거슬러 올라가도록 하는 정신의 힘이
드러난다. "정신의 힘은 오직 그것이 드러난 (외화) 그만큼 위대하며,
그 깊이는 오직 정신이 스스로를 상실하면서도 이를 신뢰하는 그만큼
이다." 그로부터 거의 200년 이후 이 사실은 우리에게 다음과 같은 진
짜 물음을 던진다. 즉 우리는 우리의 한계, 즉 우리가 파악할 수 있는
것, 우리가 이해하면서 함께 느낄 수 있는 것, 우리가 가능한 것으로
생각했던 것의 한계에 접근할 정도로 세계에 관심을 가질 용기가 있
는가? 그러나 헤겔에 의하면 바로 그럴 때 비로소 '정신의 생명'은

>1 옮긴이 주: 여기서 부정적인 것이란 일종의 비존재로 간주되고 있다.

시작되고, 그때 이 생명은 기독교적으로 된다. "죽음을 두려워하고 파괴 앞에서 그냥 몸을 사리는 것이 아니라 죽음을 감내해 내고, 그러는 가운데 자신을 보존하는 생명이 정신의 생명이다." 이처럼 세계 안에서 생성된 것, 그리고 발생한 것과 함께 간다는 것이야말로 현대적 그리스도의 후계자, 우리가 오늘날 말하듯이, 이러한 영점(零點)을 통과해 가는 용기가 아니겠는가? 죽음의 과정 속에서 비로소 숨겨진 정신은 해방된다. 이 정신은 절대적인 불가항력 가운데서 비로소 자기 자신을 발견하는 것이다. 이것이 비로소 정신의 힘이다. 여기서 헤겔은 다음과 같은 매우 심오한 신비를 건드린다. 즉 우리는 어떻게 창조로부터 타락한 것 내지 아마도 심지어 창조와 배치될지도 모르는 반신(反神)적인 것에 맞설 수 있을까? 그것도 내면적인 마력, 즉 이 마력에서 거꾸로 방향을 돌려 존재 속으로 거슬러 올라가 스스로를 발견해 내는 힘을 가지고 말이다.

우리는 정신이란 곧 일종의 과정임을 안다. 이것은 인류적으로, 개인적으로 분리되면서 시작되며 그런 다음에 삼중의 해방, 즉 신적인 세계로부터의 해방, 자연으로부터의 해방, 다른 인간으로부터의 해방이라 부를 수 있는 것으로 나아가는 과정이다. 그 성과로 나오는 것은 곧 아주 자유롭지만 결국은 또한 매우 공허하다고 스스로 느끼는 유럽적 오성이다. 어쩐지 내용은 빠져 있으며, 자기를 향해 세워진 공허한 개인이 거기에 있다. 우리는 오늘날 개인화의 전(全) 지구적 과정에 관하여 말한다. 그러나 문제는 개인을 무엇으로 채울 것인가 하는 것이다. 흥미로운 것은 헤겔이 단지 감정이나 느낌, 밖으로부터

오는 것, 그것이 마약이든 필름이든, 밖으로부터 공허함을 채워 주는 무엇에서가 아닌 사유 자체 안에서 단서를 찾으며, 그는 사유 자체를 활성화하고 이를 통해서 다시금 세계를 새롭게 지향하고 세계를 압도한다는 사실이다.

인식이 외화된 것을 다시금 신적 정신이라는 의미에서 자기 안으로 가지고 들어올 수 있다면, 인식 자체는 이전에 자신이 분리 가운데서 파괴하고 사분오열시켰던 것을 치유하게 된다. 그러한 인식이 일어난다면, 인간 안에 있는 신의 정신은 자기 자신을 인식하게 된다. 그렇게 되면 자유와 각성 속에서 인식하는 것은 물론 인간이지만 그것은 동시에 그의 내면에 있는 신적 정신이기 때문이다. 헤겔은 우리가 이 신비로움에 관심을 갖도록 권고한다.

6. 새로운 공동체 건설

이 개별적인 인식의 투쟁에 독특한 어떤 것이 더 추가된다. 헤겔은 독일 관념론자들 가운데서 처음부터 공동체적인 것을 함께 고려한 사람이다. 예컨대 피히테에서도 우리는 인식 자체에서 매우 흥미로운, 헤겔에서와 같은 유사한 과정을 발견한다. 그러나 피히테는 어디까지나 개인에 관계할 뿐이다. 피히테는 그야말로 매우 강하게 행동하는 사람이었다. 그와 논쟁하는 사람에게는 다만 그렇게 하지 말라고 충고할 수밖에 없었다. 피히테가 예나에 초빙되었을 때, 그곳에는 슈미트라는 토박이 철학자가 있었는데, 그는 사실상 결코 정식으로 교수 자격 논문 과정을 거치지 않았다면서 피히테를 괴롭혔다. 피히테는 이에 대해 다음과 같이 짤막하게만 응수했다. '지금부터 나[1]에게는 슈

>1   옮긴이 주: 자아, 피히테 자신이면서 동시에 일반적인 자아를 의미한다.

미트 씨가 존재하지 않는 사람임을 밝힌다.' 사람들은 사태가 어느
정도로 심각한지를 깨달았다. 그러나 후기의 피히테는 이 강력한 자
아가 다시 한 번 아주 내면적으로 변화하고 전환한다는 확신에 도달
했다. 그는 자아가 자신의 강력함을 포기해야 한다고 말하기까지 했
다. 우리는 오직 죽음을 통해서만 삶에 도달한다. 자아는 전적으로 부
정되지 않으면 안 된다. 자아는 전혀 새롭게 다른 자아, 기독교적 자
아로서 출현하기 위하여 완전히 부정되어야 한다. 그에게는 자아가
전부였던 이 철학자, 피히테는 죽음이라는 요소를 관통하여 새로운
무엇이 생겨난다고 설명하는 헤겔과 유사한 과정을 거친다. 그러나
피히테는 개인적인 것에 머무른다. 그런데 헤겔에게는 처음부터 공동
체의 측면을 함께 보는 독특한 점이 있다.

　신교도이며 루터파인 헤겔은 이 사실을 부단히 강조하지만, 그 이
후 신교주의의 발전 문제를 깊숙이 통찰한다. 개인을 강조함으로써
신교 교회는 점점 해체되어 갔다는 것이다. 그에게 루터주의자와 개
혁주의자가 차이를 나타내는 것은 신교가 내부적으로 파멸한다는 증
거였다. 그의 진단은 신교가 제식(祭式)을 파괴했다, — "나의 가슴
(마음)은 모든 것이다" — 그런데 이로 인하여 가슴은 현실적인 행위
로 그리고 의식은 객관적 인식으로 바뀌며, 그 이유는 양자가 가장 내
면적으로 서로 결합되어 있기 때문이라는 것이다. 신교 교회는 제식
과 예배를 포기했고 그 때문에 정신적-객관적 인식에 도달할 가능성
도 포기했으며, 그 까닭은 양자가 불가분하게 결합되어 있기 때문이
라는 것이다. 이것은 놀라운 언급이다!

그런데 이 점을 지금까지는 분명히 통찰하지 못했다. 그것은 헤겔 연구자들 가운데는 신교도들도 있었고, 헤겔을 나름대로 고립시켜 생각했던 구교도들도 있었기 때문이었다. 그러나 헤겔은 원래 그 중간에 있으며, 그는 우리가 필요로 하는 새로운 기독교의 형태를 추구한다. 그리고 이 형태는 바로 죽음을 견디어 내고 그렇게 해서 이루어진 세계를 다시금 따라잡고 내면적으로 경험하며 그것을 다시 신적인 것과 결합시키고자 하는 요한의 의미에서의 인식을 포함하며, 동시에 공동체 요소, 즉 우리인 나와, 나인 우리라는 의미의 공동체를 포함한다. 말하자면 그 속에서 내가 소멸되지 않는 우리란 현실적으로 개인의 개별성을 포함하는 공동체이고, 그 속에서 각자의 내가 존재하는 우리이다. 그러나 우리인 나는 또한 부버(Martin Buber, 1878~1965)>2가 말하듯이, 타인에 대하여 열려 있는 나이다. 우선적인 것은 나-우리 관계이고, 이것이 일차적인 것이다. 따라서 여기에 내가 있고 거기에 네가 있는 것이 아니라, 우리는 관계에 있어서의 요소이다. 그래서 헤겔은 신교도로서 제식에서 이것을 전개한다! 여기서 인식은 결정적 역할을 하지만 이제는 이에 행위가 추가된다. 제식 속에는 행위가 있다. 이 행위는 한편으로 전적으로 인간이, 자신의 자유로부터 행해야만 하는 무엇이다. 헤겔은 개인의 행위는 동시에 신적인 것, 즉 공동체가 이룩하는 초개인적인 것이라고 말한다. 제식에서는 무슨

>2 옮긴이 주: 유대적 신앙에서 출발하는 철학적이고 신학적인 사상가로서 인간의 본질을 '대화하는 존재'로 본다. '나'란 주관이 아니라 '너'와의 만남에서 이룩되며, 결국 신이라는 '영원한 너'로 나아간다고 한다.

일이 일어나는가?

　예수 그리스도의 역사는 그때마다 반복된다. 그것은 지나간 사실, 망각된 것을 상기시켜 준다. 동시에 아직 오지 않은 것, 신학자들이 최후의 것이라 부르는 '종말', 세계의 완성은 미래에서 현재로 들어온다. 말하자면 과거가 현재로 들어오고, 미래는 현재로 들어오며, 제식은 절대적 현재, 즉 인간을 결합시키는 신적인 것의 가까움을 성취한다. 그러나 이것은 멋대로 할 수 없는 가까움, 즉 다가오고 발생해서는 다시금 달아나는 가까움이다. 그의 친구인 횔덜린은 이것을 다음과 같이 공식화한다. 나는 매일 신성(神性)을 다시 불러야 한다. 그러기에 제식이란 우리 인간이 자유롭기 위해서 부단히 달아나고 또 달아날 수밖에 없는 것이 다시금 불리어지고 그래서 이 가까움 안으로 들어올 수 있는 형식이다.

　정신이란 공동체를 이루는 공동 정신이듯이, 대지를 지향하는 이 정신 작용의 또 다른 형식은 물리적인 것을 뚫고 나아가는 힘이다. 정신이란 절대적 침투의 힘이기 때문이다. 헤겔에게 정신에 대한 가장 직접적인 증명은 인간의 물질 대사이다! 이렇게 그는 몇 번에 걸쳐 육신의 구원 문제를 제기한다. 그리고 죽음을 뚫고 나아갔으며 새로운 아담으로서 정신력으로 전체적인 인간의 본성을 구원한 그리스도에 대한 이해를 도모한다. 이는 곧 정신의 최고 관철 작용이다! 신적인 것의 힘은 물리적인 것에까지 이른다. 인간의 구원은 육신에까지 미친다.

　헤겔 사유는 수난, 부활, 강림의 기호를 담고 있다는 사실에서 기독교적 본성을 가진다. 극단적인 것을 감내하고 악을 직시하는 가운데 갈갈이 찢겨 사분오열되고, 수난의 영점을 철저히 체험하며, 삶 속에 있는 죽음이라는 사변적 부활절을 연습한다. 사유 안에 있는 삶은 그리스도의 신비가 된다. 긴장을 감내하고 죽음을 견디어 내며 사분오열되어 갈갈이 찢겨진 가운데 자기를 보존하는가 하면 현세적인 것과 결합된 모든 것을 인정하고 투쟁하는 자아의 심성이 겪는 이 노고 가운데서 신의 아들이 가까워 옴은 도움을 주는 은총, 즉 역사적, 사변적, 전기적 부활절을 경험한다. 그것은 신의 아들 자신이 이 길을 갔기 때문이다. 신의 아들은 이 길이다!

비록 헤겔이 역사적인 강림에 관하여 거의 언급하지 않음에도 그는 강림 사건에 대해서 특별한 내면적 친근감을 가지고 있었다. 그러나 현재적으로 체험할 수 있는 내면적 강림은 그에게서 부단히 빛을 발한다. 여기서 그의 주요 관심사는 어떤 낯선 것이 추가되는 것이 아니라 강림의 불이 우리에게 새로우면서도 본래적인, 보다 높은 본질에 불을 당긴다는 사실을 분명하게 밝히는 일이다. 그에게 종교란 단지, 여전히 신의 밖에 머무는 개별성을 따뜻하게 데워 주는 것이 아니다. 오히려 "그 안에서 가슴을 불태우고 정신이 그에게 무실(無實, nichtig)한 것을 부정하여 신과 신성한 정신과의 통일로 부활하는 절대적인 불이다." 강림이란 불의 세례이며, 헤겔은 불세례의 사상가, 사유의 세례가라고 말할 수 있다. 헤겔의 내적인 의욕은 신적인 진리의 술이 인간적 인식의 물에 의해서 묽어지지 않고, 인간적 인식이 신적 인식의 술로 변화된다고 주장한 토마스 아퀴나스와 연결된다!

불이 있는 곳에는 불타오름이 있고 또 재가 있다. 인간에 있어서
신적인 것 앞에 존립할 수 없는 것은 이 불에 의해서 정화되고 태워진
다. 그러나 이를 통해서 인간은 정화되고 순화되어 신성한 정신으로
서의 신과의 합일로 부활할 수 있다. 거기에는 내적인 변화, 또한 도
덕적인 것의 순화, 그러나 정신적인 것 자체에서 나오는 모든 것이 있
다. 이 1800년경에 정신적으로 모든 것을 일으킨 것은 무엇인가! 피
히테의 불꽃 튀기는 언사는 가장 내면적인 인식의 책임을 지고 있는
인간에게 충격을 주었다. 횔덜린은 히페리온을 완성하며 그의 대성가
(大聖歌)를 노래한다. 횔덜린과 마찬가지로 피히테의 청강생인 노발
리스(Novalis, 1772~1801)>3는 지혜를 얻고자 사력을 다하며 마법적
인 관념론 속에 있는 정신의 세계를 체험한다. 매우 이질적인 인간인
괴테와 실러의 우정은 극성(極性)과 상승의 법칙을 나타낸다. 실러의
감성적인 서신은 그의 동화로 괴테에게 답한다! 이 밖에 예로 들지
않은 헤아릴 수 없는 많은 사람들에 있어서도 마찬가지지만, 이 모든
경우에 있어서도 내내 같은 것이 문제가 되는 것은 아닌가? 인간의
정신은 어떻게 새로이 발견될 수 있는가 하는 물음이 이슈로 제기되
는 것은 아닌가? 괴테가 그림 속에서 뱀을 여기서 저기로, 저기서 여
기로 연결하는 다리(Brücke)로 변경한다면 이는 헤겔이 그의 사상적
양식에서 인식, 즉 원분할(原分割, Ur-Trennung)을 신적인 것과의 재

>3   옮긴이 주: 본명은 'Friedrich Freiherr von Hardenberg', 독일의 초기 낭만주의
작가, 철학자, 광산 기술자이며, 셸링의 신비주의적 자연 철학에 가까운 마술적 관
념론을 표방한다. 예술가는 내면적 관조에서 실제로 세계를 창조해 낸다고 본다.

결합으로, 즉 're-ligio' >4로 유도한 것과 같은 것이 아닌가? 정신의 어떤 힘이 이 문인들과 사상가들에 있어서 체험 가능하게 되는가!

>4　옮긴이 주: '신과 다시-결합함'(wieder rerbinden mit Gott)이라 해석할 수 있다.

7. 괴테와 헤겔
── 원현상(原現象)과 절대자

그런데 헤겔의 사유에도 승천(昇天)의 모티브가 있는지 물을 수 있을지 모르겠다. 그가 직접 승천에 관하여 말하는 것이 아니라, 이 사건과 그 영향을 받아 승천을 말하는 것일까? 그러나 이때 승천이란 땅으로부터의 결별을 뜻하지는 않을 것이다. 그리스도는 자신의 '승천', 다른 말로 한다면 자신의 상승(ascension)에서 땅 존재와 하늘 존재를 새롭게 결합했기 때문이다. 승천이란 가교를 건설하는 일이다. 그 이래로 하늘적인 것과 현세적인 것, 정신과 물질, 신적인 것과 인간적인 것 사이의 새로운 상호 관계와 상호 결합이 가능하게 되었다. 승천이란 곧 그리스도의 표적 속에 있는 땅과 우주의 새로운 화합(결혼)이다.

이러한 사실은 헤겔의 사유 속에도 명문화되어 있는가? 이에 대한 흔적이라도 발견되는가? 이에 대해서는 괴테와의 친교 관계가 많은 시사점을 던져 준다. 그들의 서신 교환이 보여 주듯이, 그들은 사람들이 생각하는 것보다 더 가까웠다. 그들의 생일이 서로 앞서거니 뒤서거니 하는 것은 — 헤겔이 1770년 8월 27일 태어난 후에 그 다음 날 괴테는 그의 스물한 번째 생일을 맞았다 — 단순히 외적인 일만은 아니다.

1801년 가을 헤겔이 예나에 도착한 이후 그들은 직접 만났다. 괴테가 볼 때 헤겔의 깊이는 너무나도 이해하기 어려운 방식으로 표출되었다. 1803년 11월 27일, 그는 실러에게 그가 헤겔 및 다른 사람들과의 교제에서 가졌던 안온한 시간들에 관하여 편지를 쓴다. "헤겔은 아주 뛰어난 사람이기는 하지만 자기를 표현하는 그의 양식이란 … " 이라 말끝을 흐린다. 그래서 그는 헤겔에게 말하는 기술의 수업을 처방해야겠다는 생각이 들었다는 것이다. 며칠 후에 실러는 괴테가 헤겔을 마음에 들어 하는 것을 기쁘게 생각하노라고 쓴다. 그는 미안해 하면서 추신에, 표현하는 재능의 결여는 헤겔 개인의 탓이라기 보다는 독일 민족 일반이 그러하며 이는 오직 분명한 철저성과 말할 때의 진지함에 의해서만 고칠 수 있을 것이라고 덧붙인다(1803. 11. 30.). 후일 헤겔은 예나대학에 대하여 권한이 있는 각료인 괴테에게 근무처 문제와 재정 문제를 의뢰했다. 이후 두 사람의 접촉은 일시적으로 끊어졌다. 헤겔이 공식적으로 괴테, 특히 그의 색채론에 찬동했을 때 비로소 그들의 결합은 새로이 이어졌다.

1815년과 1816년 하이델베르크대학의 철학 교수인 프리스(Jakob Friedrich Fries, 1773~1843)[1]는 익명의 논평에서 헤겔과 괴테를 이렇게 공박했다. "가소로운 일이다, 현학적인 짓거리와 무미한 월권은

어찌나 지칠 줄 모르고 언제나 반복해서 괴테의 오류를 지껄여대는지
…." 편파적이지 않은 사람이라면 오래 전에 괴테의 색채론이 색채에
대한 만족할 만한 체계로 성립할 수 없을 것임을 확신했을 것이라는
것이다. 그런데 1817년 헤겔은 공식적으로 그의 『철학 백과』에서 괴
테의 색채론, 특히 빛의 자립성과 분해 불가능성에 찬동했다.

　괴테는 이 공개적인 편들기에 매우 기뻐했다. 그다음에는 어떻게
되었던가? 헤겔은 스스로 제베크(Thomas Johann Seebeck, 1770~
1831)>2와 함께 뉘른베르크에서 색채론에 대한 상세한 실험을 했었
다. '광학적인 색채'라는 그의 개념은 다른 물리학자에 의해서, 그리
고 그다음에는 괴테 자신에게 받아들여졌다. 그리하여 헤겔은 놀라운
사람일뿐만 아니라 괴테에게는 전문적 지식을 갖춘 대화 상대자인 것
이다. 괴테는 1817년 『연감』에 다음과 같이 기입한다. "꼭 마찬가지
로 저는 헤겔 교수의 동의에 만족했습니다. 실러가 세상을 하직한 이
래 저는 모든 철학에서 조용히 멀어졌으며, 단지 저의 고유한 방법론
이 자연, 예술, 인생을 지향하도록 함으로써 언제나, 보다 커다란 확
실성과 세련성을 이룩하도록 하고자 했습니다. 그러므로 저에게는 한
철학자가 어떻게 제 나름의 방식으로 내놓은 것에 관하여 그의 양식
에 따라 지식을 얻고 또 그렇게 하여 처신하는지를 살펴보고 숙고하

>1　옮긴이 주: 하이델베르크대학과 예나대학의 교수를 지냈다. 칸트의 이성비판에
　　대한 심리학적-인간학적 해석을 했고, 야코비의 영향으로 종교를 초감각적인 것
　　의 '징벌' 위에 정초했다.
>2　옮긴이 주: 독일의 물리학자.

는 것이 커다란 가치를 가지지 않을 수 없었습니다"(『헤겔과의 서신
II』, 421).

몇 년 후(1821) 괴테는 보다 진일보하여 자신을 표현했다. 헤겔,
오래 전부터 괴테의 자연 탐구 작업의 벗, 놀랍도록 예리하고 섬세하
게 사유하는 이 사람은 광학적인 색채에 관하여 다음과 같이 날카롭
게 의견을 개진했다는 것이다. 즉 괴테에게 본래적인 작업이 이제야
비로소 올바로 밝혀졌다는 것이다(II, 475). (헤겔 자신은 색채론에
관하여 세 편의 논문을 썼으며 그 속에서 부분적으로 자신의 고유한
색채론을 전개했다.)

이러한 토대 위에서 방법에 관한 문인과 철학자(괴테와 헤겔)의
의견 교환은 늘어났다. 괴테가 1820년 10월 7일, 헤겔에게 썼듯이 결
코 두루 통용될 수 있는 견해가 아니라 각자가 일종의 도구로서 자신
의 방식으로 기여할 수 있고 함께 참여할 수 있는 방법이 중요하기 때
문이다. 1821년 2월 24일에 쓴 긴 편지에서 헤겔은 이 주제를 파악한
다. 그의 진지하면서도 명랑한 표현에 감사하면서 헤겔은 자신이 괴테
의 자연관과 세계관의 방법을 어떻게 체험하는지를 설명한다. 괴테의
'정신적인 호흡'>3은 감각 세계의 무언의 덩어리로부터 형태를 끌어낼
수 있다는 것이다. 그의 위대한 능력은 우연적인 것을 벗어나서 원현
상(原現象)을 탐색하여 그것을 연구의 첨단에 세우는 일이라는 것이
다. 이 위대한 정신적인 자연 감각은 모든 학문의 시초라는 것이다. 괴

>3   옮긴이 주: 원어는 'Geistiger Othem'으로 'Geistiger Atem'의 고어에 해당한다.

테는 이러한 방식으로 현상들로부터 그에 상응하는 내면적인 것을 얻어내는데, 그는 세계의 이 내면에서 자신의 지혜와 환희를 즐기며, 솔로몬 사원 안의 비밀 결사대원과도 같은 진지한 연구자라는 것이다!

괴테의 방법은 헤겔 자신에게 철학적 유용성을 가진다는 것이다. 그 이유는 굴조개색의, 회색의 혹은 검은색의 절대자(신)가 대낮의 빛을 받아 등장할 수 있는 창문이 필요하기 때문이라는 것이다. 카오스적인 감각계의 오색찬란한 색상이 어우러진 가운데서 그러한 절대자는 인식될 도리가 없을 것이라는 것이다. 그러나 원현상에서는 그 단순성으로 인하여 정신적이고 개념적으로, 또한 그 감각성으로 인하여 가시적이고 구체적으로 순수한 정신계와 조망하기에 어려운 풍부성을 가진 감각계라는 "두 세계가 서로 인사한다(화해한다)." 이는 곧 일종의 승천 동기이다! 괴테는 다른 곳에서 동일한 테마에 관하여 서술할 때 스스로 찬송가적 율동을 띄게 되는데, 그 말할 수 없는 환희를 대면하여 원현상을 직관한 다음 그것을 수천수만 번 다양한 현상으로 변형시켜 재발견하는 것이 얼마나 위대한 경험인지를 말한다. 원현상에서 감각계는 고양되어, 그리고 동시에 정신적인 힘과 본질의 계시로서 드러난다. 괴테에 대한 호의에 찬 기억과 성취된 풍부한 교훈에 흡족한 감사의 마음으로 헤겔은 그 자체로 가교의 역할을 하는 이 편지를 끝마친다.

1821년 4월 13일, 괴테는 헤겔의 서신으로 인한 커다란 고무와 후원 그리고 자신의 의욕을 진정으로 관철시킨 일과 친구(헤겔)의 상세한 해명의 성과에 대하여 진심으로 감사한다. 괴테는 짧지만 우정 어

린 편지를 원현상이라는 의미심장한 선물과 결합시킨다! 헤겔이 원
현상에 대하여 그렇게도 친근하게 언급했기 때문에, 아니 헤겔 자신
이 이 '초자연적인 존재'와의 친근성을 시인했기 때문에, 그(괴테)는
그것과 유사한 몇 가지를 철학자(헤겔)에게 제시할 자유를 얻었다는
것이다. 헤겔이 이 몇 가지를 원현상들의 누이들처럼 잘 다루리라고
확신하면서. (유리 프리즘과 바닥에 검은 비단을 장식한 노란색 물컵
이 중요시 되었다. 태양 빛이 비치면 물컵의 검은 바닥이 밝은 청색으
로 나타났다!) 괴테는 곧바로 편지를 쓰면서 손수 다음과 같이 덧붙
인다:

절대자에게는

각별히

친근한 수용을 위한 원현상이

적절합니다.

바이마르에서 초여름에

1821

1821년 8월 2일자 편지에서 헤겔은 온전히 받아들여진 선물에 대
하여 감사한다. 그는 완전히 자유로운 소박함을 띄고 있는 물컵에서
객관적으로 드러나는 색채에 대하여 더할 나위 없이 기쁘다는 것이
다. 물컵은 빛나는 오르무즈드(Ormuzd)[4]와 캄캄한 아리만(Ahri-
man)[5]과는 대조적으로 다채로운 색상의 세계를 드러낸다는 것이다.

원현상 속에서 생생하게 매개하는 능동적 세계의 중심에 대한 이러한 체험은 헤겔로 하여금 — 종교적으로 말하여 — 승천의 성격을 가지는, 포괄적인 초실체화를 인정하도록 유도한다. 그는 물컵에서 체험된, 그리고 빛과 어두움의 유희에서 생기는 색채의 원현상에서 "내면과 외면, 현상이 사상으로 변화하고 사상이 현상으로 바뀌는 초실체화에 대한 믿음"(II, 276)을 가지고 있다는 사실이 기쁘다는 것이다. 여기서 헤겔과 괴테는 그리스도의 흔적을 찾아 헤멘다. 그리스도는 자신의 승천에서 땅의 존재를 하늘 존재에 흡수시키기 위해서 땅의 존재를 정신화하고 초실체화한다. 그러면서도 동시에 그리스도는 언제나 인간이 드러나도록, 즉 하늘 세계와 감각 세계의 경계에서 인간이 원현상적으로 스스로를 계시하도록 할 준비가 되어 있다. 그리스도의 영역은 내면과 외면, 사상과 현상, 순수 정신과 물질, 그리고 이 모든 것을 결합하고 통일시키는 중간 영역, 즉 그리스도가 승천할 때 시작되었던 그대로의 거대한 초실체화이다. 이러한 연관성에서 더 고려해 볼 만한 가치가 있는 것은, 헤겔이 신적인 정신과 인간 육체의

>4 옮긴이 주: 조로아스터교에서 빛과 선의 신이다.

>5 옮긴이 주: 조로아스터교에서 어둠과 악의 신으로서 본래는 파괴를 나타내는 'Angra Mainju'에서 파생된 중세의 개념이다. 세계가 'asha'(진리, 질서, 존재) 와 'druj'(거짓, 혼란, 파괴) 사이의 투쟁으로 휩쓸려 들어간다는 조로아스터교 핵심 사상의 한 국면을 나타낸다. 인지학에서는 인간에게서 물질화하는 힘을 빌려 온 정신적 존재로서 해체하는 루시퍼(Luzifer)의 힘에 맞서는 반대극이다. 아리만은 자신 속에 욕망적으로 숨기고 있는 차가운 지성으로서 루시퍼와는 반대로 인간의 영혼에게 정신적 세계로 나아가는 통로를 차단하려는 '어두움의 제후'로 나타난다.

결합이라는 수수께끼를 어떻게 다루었는가 하는 것이다. 베를린 시대로부터 전해지는 한 경구에는 인간으로 표상된 그리스도가 이집트의 스핑크스보다 훨씬 심오한 수수께끼라고 되어 있다. 스핑크스는 동물의 몸뚱아리에 인간의 얼굴을 하고 있다고 한다. 그런데 인간이 된 그리스도에서, 바로 거기에서 신이 생겨난 인간의 육신이라는 수수께끼에 마주친다.

괴테의 저작을 빠짐 없이 읽은 헤겔은 자신을 그의 아들 중의 하나라고까지 불렀다. 자신의 내면은 괴테의 영양 공급에 의해서 추상에 대한 저항력을 가지게 되었으며, 그의 내면적인 길은 괴테의 작품에서 지침을 받았다는 것이다(III, 83). 그러나 거꾸로 괴테도 헤겔을 그저 높이 평가하기만 한 것이 아니라 그로부터 유익하게 고무됨을 경험했다는 사실은 다음과 같은 사실에서 밝혀진다. 1826년 8월 27일 괴테의 생일 축하연에서 헤겔은 손님 중에 어떤 낯선 사람을 발견했다. 이 인물은 라우흐(K. D. Rauch, 1777~1857)[6]의 제자라는 비흐만(Wichmann) 교수인데, 헤겔의 흉상을 제작하도록 위임받았다고 했다. 이에 대해 헤겔은 가장 공손하게 "이번 주에는 책을 읽어야 하니까, 다음 주에 시간을 내어 귀하 앞에 앉을 것입니다"라고 대답한다. 그로부터 2년 후인 1828년에 그 흉상은 완성되었다. 괴테는 헤겔 흉상(그리고 여자 연극 배우인 헨릿테 손타크의 흉상!)에 대해서 아주 분명한 관심을 나타냈다. 비흐만은 괴테가 관심을 가지고 있음을

---

[6] 옮긴이 주: 독일의 조각가. 베를린 고전주의의 대표자.

티크(Tieck) 형제들에게 듣고선 그 소망을 들어주기를 주저하지 않고 이 흉상들을 바이마르로 보냈다. 거기에서 이 흉상들은 오랫동안 괴테의 책상머리에 놓여 있었다 … !

괴테도, 슈타이너도 이 헤겔 흉상을 그렇게도 마음에 들어 했다는 것은 주목할 만한 일이 아닌가? 79세의 괴테에게 헤겔은 —마치 전에 실러가 그러했듯이 — 일종의 거울과도 같았다. 이 거울에서 괴테는 자신이 살고 활동한 것을 보다 분명하고 투명하게 대상화시킬 수 있었다. 대략 30세의 슈타이너에게도 그러했던 것일까? 어떠한 범위에서 헤겔은 그에게 평생 '많은 영향을 주는 삶의 반려자'였단 말인가?

8. 헤겔과 슈타이너
__ 인간 지성을 위한 아리만과의 투쟁

짤막한 개괄만으로도 이미 이 주제가 얼마나 광범하고 세분화된 것인지를 보여 준다. 슈타이너는 그의 학창 시절부터 강하게 독일 관념론자들의 철학에 몰두하며 또한 비판적으로 대결했다. 이러한 그의 취향은 세기의 전환(20세기로__옮긴이)과 더불어 후퇴하는 것처럼 보였다. 새로운 정신 과학의 성과, 우선 신지학회(神智學會)와 연결지어 신지학(神智學, Theosophie)에 대한 공개적인 설명이 시작되었다. 신지학은 나중에 인지학(人智學, Anthroposophie)으로 불리게 된다. 그러나 그 이후 새로운 요인이 등장했다. 슈타이너는 '대가들'[1]로부터,

---

>1 위대한 '대가들', 즉 인류의 스승들과 이들에 대한 슈타이너의 관계에 대한 문제에 관해서는 Hella Wiesberger: *Zur Geschichte und aus den Inhalten der ersten Abteilung der Esoterischen Schule 1904-1914*, GA 264, Dornach 1984의 서론(S. 30-35)을 비교하라.

그들의 영적인 사명이라는 의미에서, 독일의 계속적인 정신적 발전을 위하여 독일 관념론이 중요함을 암시받았다. 이러한 의미에서 슈타이너는 특히 제1차 세계대전 중에 지칠 줄 모르고 독일 관념론 내지 독일 고전주의를 옹호했다. 제1차 세계대전의 발발 문제에 관하여 그가 기여한 것이 있다. 그것은 그가 자신의 모든 정력을 독일 민족이 무엇보다도 인류의 문화적인 과제를 짊어진다는 점을 제시하는 데 집중한다는 사실이다.

종전 후 슈타이너는 헤겔 체계의 한계와 약점도 분명히 기술한다. 그러나 그는 헤겔의 논리학이 없이 훈련된 사유에게 인지학은 '곱추병적으로' 될 위험이 있음을 매우 분명하게 제시한다! 그는 1920년에 인류의 발전을 위한 헤겔의 의미를 이해할 수 있는 유일한 가능성을 헤겔이 사탄과 아리만 사이에서 투쟁하는 사람이라는 점에서 찾는다. 오직 그렇게 해서만 우리는 헤겔의 필생의 업적을 값지게 평가할 수 있다는 것이다. 마침내 1925년 2월 1일 율동 공연이 열리게 된다. 슈타이너가 기획한 율동 형식으로 헤겔의 '엘레우시스'(Eleusis)가 선보였던 것이다.

헤겔 철학에 대한 슈타이너의 입장은 세 시기로 나누어 고찰하는 것이 좋다. 첫째는 인식론적-철학적 작업이 전면에 있던 1900년경의 시기이고, 둘째는 독일적 문화 생활을 옹호하려는 충동으로 각인되는 제1차 세계대전의 마지막 무렵에 이르기까지의 시기이며, 셋째는 인류는 미래를 위하여 지금 무엇을 필요로 하는가 하는 것을 기존의 상태로부터 전혀 새롭게 추구해야만 했던 1925년까지의 시기다.

1900년경까지의 시기[2]

약 열세 살의 나이로 슈타이너는 한 서점의 진열장에서 갑자기 '이 책을 꼭 사야겠다'는 생각을 갖도록 한 한 권의 책을 발견했다. 그는 이를 위해 일정 기간 절약해야 했으며 결국은 그 돈으로 칸트의『순수이성비판』을 샀다! 그는 학굣길이 먼데다가 방대한 숙제로 인하여 그것을 읽을 시간을 갖지 못했기 때문에 다른 해결 방안을 모색해야 했다. 그는 — 후일 강의에서 그랬던 것처럼 — 책의 페이지들을 떼어내어 그의 역사책 속에 끼워 넣었다. 역사 시간에는 어차피 배울 텍스트가 단지 그대로 재현되었으므로 (설혹 칸트를 병행해서 읽는다고 해도__옮긴이) 그는 결코 그 내용을 놓치지 않았던 것이다! 그가 칸트로부터 대답을 듣고 싶었던 문제는, 사유는 현실을 파악하기 위하여 무엇을 할 수 있는가 하는 것이었다. 세계는 사유에 대하여 원리적으로 열릴 수 없는 그 무엇을 가지는 것일까? 칸트를 매우 철저히 읽는 것은 그를 만족시키지 못했다 ….

1879년 인저르스도르프(Inzersdorf)로 이사한 후 18세의 슈타이너는 많은 철학 작품들을 구입했다. 그런데 그는 특히 피히테의 지식학에 몰두했다. 여기서 그는 각자가 자신 속에서 수행할 수 있는 자아의 순수한 활동성 가운데서 인식을 위한 확고한 출발점을 획득할 수 있는 단서를 발견했다. 그러나 그의 근본 관심사는 자신의 어린 시절

---

[2] R. Stiner, *Mein Lebensgang*, 특히 3, 8, 28장, GA 28을 비교하라.

부터 타고난 정신 세계의 직접적인 직관을 사상의 형식 속으로 부어 넣는 일이었다. 그는 가을에, 빈(Wien)에 있는 공과대학에 입학하기 전 1879년 여름을 철학적 물음들에 몰두하면서 보냈다.

이 시기에 그는 당시에 아직 50세가 채 되지 않은 약초 채집가 코구츠키(Felix Koguzki)를 만났다. 그는 직접적으로 경험할 수 있는 사실로서의 세계에 관하여 함께 말할 수 있었던 인간을 발견했다. 비록 젊은 슈타이너가 우선은 언어적 어려움을 가지고 있었고 그래서 코구츠키의 '정신적 변증법'을 배워야 하기는 했지만 곧이어 상호 간에 깊은 공감이 생겨났다. 비교(秘敎) 드라마 속에 나오는 약초 채집가 '펠릭스 발데'는 잘 알려져 있듯이, 코구츠키의 모습을 문학적으로 각색한 것이다.

젊은 학도인 슈타이너에게 이 인간적 만남은 구원과도 같은 작용을 했다. 결국 그는 한 사람의 대화 상대자를 만난 셈이었으며 그와 함께 자신의 정신적인 경험에 관하여 말할 수 있었다. 그러나 코구츠키는 그의 정신적인 경험을 모든 사람이 이해할 수 있는 언어로 옮겨 놓을 수는 없었다. 슈타이너는 그에게서 친근한 정신 관조자를 발견하기는 했으나 정신적 탐구자의 재능과 정신적 스승의 재능은 발견하지 못했다. 다른 측면으로 코구츠키와의 만남은 위대한 철학자들은 감각계의 본질, 그리고 자연, 역사, 인간의 내면에 말을 건네는 삶, 즉 현실적으로 살아 있는 사상적 삶에 도달해 있다고 생각하게 하였다. 그러나 이 철학자들에게는 ― 코구츠키에게 접근할 수 있는 ― 구체적 정신 세계의 직관 ― 요소 존재, 위계적 존재, 죽은 뒤의 영혼에 관한 구체적 체험 ― 이 닫혀 있었다.

이러한 연관성에서, 즉 정신을 경험하기에 적합한 사상 형식을 찾는 과정에서 슈타이너는 헤겔을 발견했다. 그의 저서들에 대한 입문적 독서 ― 아마도 모두 그가 후일 숙고했던 『정신 현상학』, 『논리의 학』, 『철학 백과』 등일 것이다 ― 는 필수적이었다. 슈타이너는 사상의 현실을 서술하는 데 있어서 자신이 헤겔과 유사하며, 헤겔이 순수한 사상 안에서 운신하며 사유의 계시적 성질에 대한 신뢰를 보낸다는 확신을 느꼈다. 그러나 그가 보기에 헤겔에게는 코구츠키가 가지고 있었던 구체적 정신계에 대한 직관이 결여되어 있었다. 점차로 슈타이너는 사유하는 삶(das Leben im Denken)이 정신 세계 안에 있는 사실적 체험의 반조(返照)요, 음영임을 분명히 깨닫게 되었다. 모든 사상 속에는 결국 상상과 보다 격조 높은 인식이 종종 알려지지 않은 채로 숨겨져 있는 법이다.

비록 슈타이너가 손수 표현한 일은 없지만, 그의 물음은 코구츠키와 헤겔이 어떻게 결합되고 합일될 수 있을까 하는 것이었다. 어떻게 정신 세계의 구체적 직관이 사상과 개념으로 파악되어 모든 인간에게 그때마다 자신만의 정신적 경험을 전제하지 않고서도 전달될 수 있는 것일까? 다른 측면으로, 어떻게 고요하고도 강력하게 자신 속에 정초된, 감각의 속박에서 벗어난 사유가 보다 높은 정신-경험으로 상승할 수 있으며, 어떻게 지성이 정신화될 수 있단 말인가? 철학과 정신적 경험 사이에는 가교가 존재하는 것일까? 만약 그렇다면 헤겔의 사유는 막다른 골목이 아니라 정신의 탐구자, 정신의 스승으로 발전하기 위한 필연적인 통과 단계요, 학교 이전의 학교, 사유의 교육일지도 모를 일이다! 1923년 말 슈타이너는 몇 명의 친구에게 코구츠키 이외에도 베네딕트의 학자인 크나우어(Vincenz Andreas Knauer, 1828~1894)>3를 만났어야 한다는 사실을 고백한다. 그의 철학적인, 생동하는 아리스토텔레스주의는 슈타이너에게 현실을 구성하는 힘으로서의 사유의 경험이라는, 그가 전에 읽은 헤겔과 동일한 선상에 있는 매우 중요한 자극이었다. 그는 오직 이 두 사람, 즉 코구츠키와 크나우어를 만났기 때문에 자기 고유의 사명으로 내달을 수 있었다고 한다.(Hans Peter von Manen, *Christussucher und Michaeldiener*, Dornach 1980, S. 206).

그런데 괴테와 그의 정신 양식과의 만남이 더해졌다. 슈타이너는 이를 회고하면서 이에 관하여 『인생 여정』에서 어떻게 괴테와 그의 투쟁 동지들이 관념론을 인간의 품위에 알맞는 높이로 고양시켰고, 어떻게 이 관념론의 관문이 현실적인 정신 세계 안으로 진입해야만 하는지가 분명해졌는지를 언급한다. 이 사실적인 배경의 결여는 18세기에 있었던 관념론의 거부로 나아갔기 때문이라는 것이다. 슈타이너는 자신의 필생의 과제를 구체적인 (언제나 계속해서 확장될 수 있는) 정신적 직관과 현실을 해명하는 사상적 삶 사이에 가교를 놓는 일이라고 보았다. 『인생 여정』 28장에서 그는 헤겔을 근래 최고의 사상가로 표현한다. "그러나 그는 바로 단지 사상가였다." 헤겔은 슈타이너가

>3 옮긴이 주: 오스트리아의 신학자이자 철학자.

보았던 정신 세계에 대한 느낌을 가지고 있지 않았다는 것이다. 그런데 이 세계는 사유가 단지 형성되는 데서가 아니라 다시 한 번 완전히 변화됨으로써 비로소 해명된다는 것이다. 사유는 체험을 향한 이 길 자체를 강화하지 않으면 안 된다는 것이다. "이 길의 생명은 어떤 의미로는 사유이며, 또 영혼으로서의 이 길은 자기 안에 세계의 정신을 받아들인다."

그러나 이것은 슈타이너도, 코구츠키도 전혀 가지 않은 길이다. 두 사람은 이미 처음부터 그들의 체험에서 구체적 정신 경험의 가능성을 가졌기 때문이다! 코구츠키에 있어서 이 정신의 경험은 보편적으로 이해할 수 있는 형식을 결여했다. 코구츠키에게서는 — 슈타이너 역시도 — 아무것도 배울 수 없었다고 한다. 슈타이너는 헤겔(과 크나우어)로부터 정신 과학의 형성을 위하여, 정신의 관조자로부터 정신의 탐구자와 정신의 스승으로의 발전을 위하여 무엇을 배웠는가? 이 물음은 우리를 헤겔에 관한 슈타이너의 언표들을 추적하도록 한다.

그의 초기 저작에서는 철학자로서의 슈타이너가 칸트, 피히테, 헤겔과 어떻게 구분되고 그렇게 하여 자신의 철학적 입장을 어떻게 정초하는가 하는 것을 분명하게 볼 수 있다. 이 시기에 그는 스스로 철학 교수로서의 영향을 희망했다고 한다. 『괴테적 세계관의 인식론 강요』(1886)에서 그는 사유의 내면적 순수성과 완전성에 대한 헤겔의 통찰, 사유의 힘과 사유의 현실에 대한 헤겔의 절대적 신뢰를 인정한다. 그러나 그 후 25세의 슈타이너는 헤겔이 너무나도 조야한 형식으로 사유를 옹호함으로써 사유로 하여금 '모든 위신을 잃게 했다' 고

비난하기도 한다. 이로써 헤겔은 인식론 내부에서 치유할 수 없는 혼
란을 야기하기도 한다는 것이다. 그는 사유의 필연성을 동시에 사실
의 필연성으로 잘못 생각했기 때문이라는 것이다. 그는 도대체 뚜렷
한 현실의 세계 속에 있는 사상이 일종의 사물처럼 함께 찾아내어지
고 또 발견될 수 있는지 어떤지의 문제를 분명히 밝히지 않았기 때문
이라는 것이다.

　1924년 새롭게 출간된 이 저작에서 슈타이너는 오해를 해명하는
형식으로 새로운 주해들을 추가한다. 거기에는 사상과 감각적 지각이
하나의 존재를 이룬다고 되어 있다. 오직 인간의 관점에서 볼 때에만
감각적 지각과 사상 세계가 통일적 존재로부터 두 개의 현실 영역으
로 분화된다. 그래서 마치 사상과 지각이 두 개인 것과 같은 허상이
생겨난다. 이 비유는 정신 과학(Geistes-Wissenschaft)에 대하여 타당
하다. 비록 정신적인 직관과 이에 대응하는, 정신적인 것에 대한 사상
이 인간의 의식 안에서 우선은 분리되어 나타난다고 하더라도 양자는
함께 현실에 속하며, 통일을 이룬다. 다만 양자 사이에 구별되는 것이
있다면, 감각적 지각이 위쪽으로 정신적인 것을 지향하는 사상에 의하
여 완성되는데, 정신적인 직관은 아래쪽으로 그 참된 본질을 지향하는
사유에 의하여 체험될 수 있다는 것뿐이다.

　이로써 지각 — 그것이 감각적이든 정신적이든 — 과 사상이 하나
의 현실을 표현한다는 것, 그리고 양자는 깊이 공속(共屬)한다는 점이
분명히 언급된다. 이것이 헤겔의 생명 사상인데, 현실적인 것은 정신
적으로 이해되어야 하고, 정신적인 것은 현실 가운데서 활동한다는

것이다. 그래서 1886년의 헤겔 비판은 1924년 신판에서 교정되었다.

슈타이너는 『… 강요』를 쓰는 동안에 이미 괴테의 자연 과학적 저
작들을 발행하기 시작했다. 그는 제2권(1888)의 서론에서 괴테의 사
유 방식이 가지는 다른 시각들과의 관계를 서술한다. 그는 괴테가 부
르노(Giordano Burno, 1548~1600)[>4]와 스피노자(Benedikt Spinoza,
1632~1677)[>5]에 의해서, 그리고 칸트(Immanuel Kant, 1724~
1804),[>6] 피히테, 셸링과의 대결에서 어떻게 분발을 경험했는지를 서

[>4] 옮긴이 주: 도미니코회원인 그는 1576년 도망친 이래 독일, 프랑스, 영국을 거쳐
1592년 베네치아에서 잡힌다. 그리하여 이교도로 고발당해 결국 화형당한다. 신
플라톤주의적인 토대에서 그리스 철학을 받아들여 라이문두스 룰루스와 쿠자누
스의 영향을 받아 범신론적 형이상학을 전개한다. 후기 사상은 모나드론으로서
근대 형이상학에 커다란 영향을 끼친다. 각 개별자는 모나드이고, 모나드들은 단
계적인 존재 차이를 가지고 있으며, 최고의 모나드로서의 신에게까지 이른다. 모
나드들은 세계 전체의 거울이며 신이 현현하는 장소이다. 그의 단자론은 라이프
니츠와는 전혀 다른데, 특히 무로부터의 창조를 하는 기독교적 신, 특히 인격신을
부정하는 신의 성격에서 그러하다. 만물은 일자인 신성에서 나온 모나드에 의해
서 생겨난다고 본다.

[>5] 옮긴이 주: 네덜란드의 합리주의 철학자. 데카르트와 신플라톤주의에서 출발, 정
념의 지배에서 벗어나고자 하는 것이 그의 윤리적 이상이었다. '신즉 자연'이라는
범신론적 명제는 자신이 존재하기 위해서 타자(他者)를 필요로 하지 않는 실체로
서의 신과 그 속성으로서의 연장과 사유를 포괄하고 있다. 데카르트에 있어서 신
은 무한 실체, 연장과 사유는 유한 실체였으나 그에게서 실체는 오직 신이고 연장
과 사유는 그 속성으로 격하된다.

[>6] 옮긴이 주: 독일의 관념론 철학자로서 영국의 경험론과 대륙의 합리론을 종합한
선험적 관념론의 입장을 견지한다. 그의 비판주의 철학은 인간의 사유 능력이 유
한하기 때문에 신, 영혼불멸, 전체로서의 세계, 즉 물 자체의 세계 내지 예지계를
인식할 수 없고 단지 생각할 수 있다고 보는 점에서 불가지론의 입장을 취한다. 그
러나 순수이성의 인식이 아니라 실천이성의 의지 영역에서는 물자체의 세계로의
접근이 가능한 것으로 본다. 그의 인식론에서 특이한 것은 인식을 모사(模寫)가 아

술한다. 결국 괴테는 헤겔에 의해서 철학의 측면에서, 말하자면 원현상의 의미를 해명함으로써 최종적 분발을 경험했다는 것이다. 슈타이너는 헤겔이 괴테에게 보낸 1821년 2월 20일자 편지를 상세하게 인용하는데, 이에 따르면 헤겔 철학의 근본 사상은 괴테적 사유 방식의 귀결이다. 두 사람에게 문제가 되는 것은 현실 속으로 깊숙이 침잠하는 것, 창조된 것으로부터 창조로, 제약된 것으로부터 제약으로 상승해 가는 일이라는 것이다. 문학자 괴테와 철학자 헤겔의 정신적 병행성과 내면적 근접은 계속해서 슈타이너의 연구 주제가 된다.

그가 마이레더(Rosa Mayreder)에게 보낸 편지에는 슈타이너의 관점이 얼마나 부단히 심화되고 발전하는가 하는 것을 보여 준다. 1891년 11월 19일 슈타이너는 그녀에게 광범한 철학적 연구들에 관하여 이렇게 전한다. "내 책은 향상된다." 사물을 직접적으로 그 뿌리로부터 파악하고 추구할 때와 밖으로부터 고찰할 경우는 매우 다르게 나타난다는 것이다. "당신은 우리가 헤겔 철학에 관하여 대화할 때 이러한 사실에 대하여 이야기했다는 것을 잘 기억하시겠지요."

1892년 초(오늘날에는 GA 30 안에 있음)에 나온 「현대의 철학과 미래에 대한 전망」이라는 논문은 우선 칸트, 피히테, 셸링, 헤겔을 비판하는데, 그들의 천재성에도 불구하고 그들에게는 쉽게 사물을 이해되도록 하는 재능이 결여되어 있다고 한다. 그러나 그다음에는 헤겔을 단호하게 방어한다. 그는 지칠 줄 모르는 목마름으로 현실의 인식

___

닌 구성으로 본다는 점인데, 따라서 우리가 인식하는 것은 있는 그대로의 세계가 아니라 주관이 구성한 것이라는 결론에 이른다.

을 향해 노력했으며, 공허한 개념 도식을 안출해 내는 사상가 — 이는
헤겔에 대한 완전한 오해라는 것이다 — 가 아니라 경험을 중시하는
모든 대표자들 가운데 가장 결정적인 사상가라는 것이다. 정신은 그
의 인식 노력에서 그 자체로 사실적이며 동시에 이념적인 현실에 완
전히 객관적으로 헌신해야만 한다.

  이후 1894년, 『자유의 철학』이 나왔다.[7] 슈타이너는 여기서 자신
의 아주 개인적인 인식의 길을 적극적으로 묘사하기 때문에 다른 사
상가들과의 대결은 배경으로 숨어 버린다. 그러나 한곳에서는 자신과
헤겔의 차이가 아주 분명히 드러난다. 헤겔에 있어서는 가장 광범한
의미에서의 사상, 즉 그 내적인 연관성에 있어서의 전체적 이념의 질
서가 철학적인 출발점을 이루는 반면에, 슈타이너 자신의 출발점은
활동성으로서의 사유라는 것이다. 이념과 개념은 이미 사유를 전제하
기 때문이다. 그리하여 명백히 추가하기를, 여기에 다른 사상가들과
헤겔의 차이가 있다는 것이다(제4장, 지각으로서의 세계). 그러나 헤
겔의 의미에서 **또한** 다음과 같이 말해야 하지 않을까? 즉 사유는 나
름대로 이념과 개념을 전제한다, 그런데 이 양자는 그야말로 사유하
는 주관이 제멋대로 만들어 낸 것이 아니라 모든 인간에게 공통한, 초
개인적으로 타당한 정신적 현실로서의 개인적 활동 속에서 발견된다,

>7   이에 관해서는 수려한 논문 Thomas Kracht: "Philosophiren der Freiheit.
    Hinweis auf eine Leseerfahrung"(in: *Rudolf Steiners 'Philosophie der Freiheit'.
    Eine Menschenkunde des höheren Selbst*, Stuttgart 1994, S. 160-196)을 참고하
    라. 이 논문은 헤겔을 상세하게 소개한다.

말하자면 사유 속에서 '마주' 친다. 이 두 관점은 서로를 보완하는 가운데 비로소 진리가 되는 것이 아닐까? (본서 91쪽 이하에 나와 있는 '극사상'(極思想)의 동기를 비교할 것.)

1897년 슈타이너는 『괴테의 세계관』이라는 책에서 이 주제로 되돌아온다. 마지막 장은 '괴테와 헤겔'이다. 여기서 헤겔은 '괴테적 세계관의 철학자'로 특징지어진다. 그는 다양하고 상이하게 등장하는 변형(Metamorpose)의 이념을 식물의 영역, 동물의 영역, 인간의 영역에서 이념의 변형으로 확장하고 보충했다는 것이다. 그러나 그다음에 슈타이너는 자신의 『자유의 철학』(1894)을 고려하지도 않은 채 괴테와 헤겔에 대하여 이들에게는 오직 참된 자기 관찰에서만 발전할 수 있는 자유의 직관이 결여되어 있다고 비판한다. (주해 ─ 슈타이너가 참된 자기 직관이라는 용어로써 뜻한 것은 그가 이미 1881년 스무 살의 나이로 한 친구에게 편지로 썼던 것이다. 여기서도 독일 관념론은 자극하고 촉진하는 업적을 남겼다! 말하자면 슈타이너는 1880년에 더욱 집중적으로 셸링을 다루었으며, 또한 셸링 자신이 20세의 나이(1795)로 썼던 "비판주의와 독단주의에 관한 편지"(8번째 편지) 가운데서 잘 알려진 귀절에 마주쳤다! 거기서 셸링은 어떻게 모든 사람에게는 은밀하고도 놀라운 능력, 즉 지적 직관에 의해서 우리 자신 안에 있는 영원한 것을 직관하는 능력이 내재하는지를 서술했다. 20세의 슈타이너는 1881년 1월 13일자 편지에서 이러한 사실 자체를 체험했음을 입증한다. 그는 한 친구에게 셸링이 쓴 것이 참인지를 알아보고자 한다고 썼다. 그런데 슈타이너는 확실히 이러한 능력 자체를 스스로 발견했으며, 전체 관념론 철학이 이제 "본질적으로 변화된 형태로" 그의 앞에 있다는 것이다. "이러한 발견으로 인해서 잠 못 이루는 밤이란 … ") 그러므로 헤겔 철학이란 자유의 세계관이 아니라는 것이다. 슈타이너는 여기서 전적으로 급진적 개인주의의 입장에 서며, 괴테와 헤겔의 부르주아지 정조를 비난했던 슈티르너(Max Stirner, 1806~1856)>**8**를 인용한다. 왜냐하면 개체나 개인이 그 개별성에 안주해서는 안 되고 전체나 보편으로부터 비로소 현실적인 자유에 도달한다는 사실은 슈티르너에게는 주관이 객관에 종속됨, 객관적 세계에 대한 복종을 예찬하는 것이기 때문이다.

여기서 슈타이너는 자유롭게 인식하는 사람 — 이런 사람이 모든 자유로운 행위의 토대이다 — 이 세계의 현상들과 공명(共鳴)하는 법을 어떻게 배워야 하는지(GA 134)를 밝힘으로써 후일 자신을 바로잡게 된다. 그런데 1897년에는 자신의 최고 형식을 갖춘 세계 내용을 오직 개별적인 것 가운데서, 인간의 인격성의 토대 위에서만 추구하는 슈타이너가 이제는 다음과 같은 반대극을 추가한다. 즉 최고의 자유는 '세계 진행에 순종함'에서 실현된다.

자유로운 개별성과 순종함, 이 양자는 공속(共屬)한다는 사실을 우리는 예수 그리스도에게서 원형적으로 발견한다. 한편으로 예수는 자아를 매우 강하게 강조한다. 예컨대 「마태복음」에는 구약에서 유래한 계율이 언급되고, 그 자신의 개별성의 가장 내면으로부터 예수는 "그

>**8** 옮긴이 주: 베를린에서 교사로 활동한 헤겔 좌파이다. 그의 입장은 물질주의적 유아론, 실천적 이기주의, 아나키즘으로 철저화된다.

러나 내가 너희에게 이르노니 … "라고 덧붙인다. 여기에서 자아는 도덕적 직관 가운데서 세계에 대립되는데, 이는 세계를 진전시키기 위한 것이다.

그러나 그리스도는 이렇게 말하기도 한다: "나의 의지가 아닌 당신의 의지(아버지의 의지)가 일어나니", 그리고 "내 아버지의 의지를 행하는 것은 나의 빵이다." 그러나 아버지의 의지를 행하는 것은 운명적인 순응과 기존의 것에 대한 보수적 예찬이 아니다. 헤겔에 있어서 개인은 자기의 특수한 주관성을 극복하고 인간 질서와 세계 질서 안으로 들어갈 때 비로소 자기 자신을 발견한다고 할 때도 이와 꼭 마찬가지이다. 그러기에 슈타이너는 나중에 한 번(Bologna 1911년 4월 11일, GA 35) 다음과 같은 역설적 공식화를 하기에 이른다: 나는 내적인 자기 성찰에 의해서 뿐만이 아니라 밖에서 나에게 닥치는 것을 면밀히 관찰함으로써 나의 자아, 즉 나의 개별성의 본질을 발견한다. 세계로부터 운명적으로 나에게 도달한 것도 역시 자아이며 내 자유의 일부이다!

1897년 결국 슈타이너는 헤겔이 이념 세계에 대한 반성을 시도함에 있어서 그것을 개별적인 정신 존재(individuelles Geist-Dasein)로서 직관하지 않았다고 비난한다. 그러므로 헤겔의 사상은 많은 방향에서 삐뚤어지거나 참되지 못하다는 것이며, 이는 확실히 맞는 말이다. 그러나 확실히 개별적인 성과보다는 정신적 노력의 방향, 헤겔이 전개한 사유의 힘이 중요하다.

대략 1899년 여름부터 1900년 10월까지 슈타이너는 다양한 다른

작업들 이외에도 2권으로 된 저작 『19세기의 세계관과 인생관』을 저
술한다. 이 시기에 그는 친구인 야코보브스키(Ludwig Jakobowski)에
게 다음과 같이 편지를 쓴다: "나는 죽자 사자 하는 마음으로 작업한
다네." 슈타이너는 칸트, 괴테, 피히테, 실러에 관한 서술과 장 파울
(Jean Paul), 슐레겔(Friedrich Schlegel, 1772~1829),[9] 노발리스에
관한 짤막한 주해를 붙인 다음 독일 관념론에 이른다. 먼저 셸링이 가
지는 피히테와의 연접, 바아더(Franz von Baader, 1765~1841)[10] 및
뵈메(Jakob Böhme, 1575~1624)[11]와의 내면적 결합 등이 연구의 주
제이다. 슈타이너는 종교적 삶의 경건성에 대한 슐라이어마허의 깊은
이해를 거쳐 헤겔로 옮겨간다. 슐라이어마허에 대한 그의 비판은 이
제 서술될 헤겔 철학의 중심으로 나아간다: "사상은 … 헤겔에게는
사물의 본질이다." 인간의 정신 가운데 살아 있는 사상은 동시에, 무
의식적 방식이기는 하지만, 세계의 객관적 내용이다. 사상이란 물론
영혼의 자기 산출(Selbsterzeugnis)이기는 하지만 영혼은 내적인 규율
과 희생 속에서 자기를 교화하여 세계가 곧 영혼 안에서 자기를 사유
하여 의식에 도달할 수 있도록 해야 한다. 일상적인 것으로부터 후퇴

>9 옮긴이 주: 독일의 문화철학자. 작가, 비평가, 문학사가로서 형인 아우구스트 빌
    헬름 슐레겔과 더불어 예나의 초기 낭만주의의 가장 중요한 대표자 중에 한 사람
    이다. 현대 정신과학의 공동 정초자이다.
>10 옮긴이 주: 신비주의자인 뵈메의 영향으로 데카르트적인 주관의 우위성을 극복한
    다. 그에 의하면 지식은 신에 관한 의식에 의해서 가능해지고, 사유란 추사유
    (Nachdenken)이다.
>11 옮긴이 주: 신교 신지학자인 그의 직업은 구두장이로서 주요 관심사는 신의 본질
    과 작용이다.

해야만 하는 셸링의 귀족적인 신고찰(神考察)과는 대조적으로 헤겔의 현실 감각, 삶에 친근한 직관, 그리고 삶과 일상적 현실에 대한 애착이 강조된다. 현실을 갈구하는 헤겔의 사유는 세계의 생성 과정 속으로 침잠하고자 한다.

인간의 최고 목표는 '순수한 인격성' 이다. 그 안에서 개별성과 이성은 일치한다. 그것은 주관의 풍부성과 구체성을 포함하지만 동시에 모든 것을 자기 안에 포괄하고 유지하도록 자기를 되돌아보고 확충할 수 있다. 순수한 인격성 안에서 신에 관한 앎은 자기를 아는 신, 자신의 정신으로 된다.

다시 한 번 발전 사상에 있어서 괴테와의 공통점이 강조된다. 자연, 진화, 생성은 인간 안에서 가장 품위 있는, 최후의 계시를 발견한다. 인간 안에서 그리고 인간에 의해서 비로소 모든 현상의 본질은 드러난다. 괴테가 직관으로부터 획득했던 것을 헤겔은 현실을 머금은 사유로부터 서술한다.

'혁명적' 이고 '철저한' 세계관을 다루는, 그다음의 장(章)과 제2권의 '정신을 위한 투쟁' 의 장(章) 등에서도 부단히 헤겔이 연결된다.

헤겔의 세계관 가운데서 가장 불만족스러운 것으로서 비판되는 것은 영혼 문제, 즉 영혼의 본질과 그 운명에 관한 물음, 인간의 영혼은 가장 내면적인 본질로 볼 때 무엇인가라는 물음이 현실적인 답을 얻지 못한다는 것이다. 영혼은 몸의 세계와 일치하는가, 혹은 영혼은 자립적인 무엇으로서 다른 세계에 속하는가? 어떻게 우리는 그러한 다른 세계의 인식에 도달할 수 있을까? 왜 나는 이러 저러한 운명에 내던져진 것일까? 고통은 어디에서 유래하는 것일까?

　헤겔은 이후의 세계에 과제를 남겨 놓았으며, 그것은 생동하는 사상으로써 참으로 정신적인 세계 안에 있는 영혼의 본질을 발견해 내는 일이라는 것이다. 살아 있는 맹아로서의 사상은 보다 높은 생명으로 깨어나야 하며, 인간은 사상의 생동화(生動化)에 참여해야 한다. 인간은 분명하게 의식된 사유를 토대로 하여, 영혼 속에서 체험된 것에 대한 주의와 몰입을 무한히 높여감으로써 이렇게 할 수 있다. 여기서 슈타이너가 요구하고 암시하는 새로운 것은 후일에야, 예컨대 1914년에 쓰안 '인간학에 대하여 개략적으로 서술된 전망' 이라는 장에서 비로소 분명히 서술된다. 슈타이너는 후에 회고하면서 이 광범한 대(大)철학서가 '결코 충격적으로 영향을 미칠 수 없었음' 을 확인하지 않을 수 없었다.

　1901년 9월『근대적 정신 생활의 출현 가운데 나타난 신비주의와 현대적 세계관에 대한 그 관계』라는 책이 나온다. 여기서는 헤겔이 일종의 사상의 신비주의를 전개했다는 측면이 심화된다. 서론에서는 곧바로 헤겔이 관련된다. 역사는 외면을 가지지만 내면도 갖는다. 그 가운데 '인류 발전의 심장 박동' 이 살아 있다. 단지 극소수의 인간만이 이 내면을 안다. 우리는 그들과 더불어 또한 역사적 간격을 뛰어넘어 '내밀한 관계' 안으로 들어설 수 있다. 우리는 철학사 강의 중의 한 귀절에서 헤겔을 내밀하게 알 수 있다고 한다. 여기서는 말하자면 대개 철학자들의 논쟁이 추상적인 하찮은 것으로 처리된다고 한다. 헤겔은 이들의 판단을 다음과 같이 문제로 삼는다: "아니, 아니! 그것은 세계 정신의, 그러므로 운명의 행위이다. 그럴 때 철학자들은 정신의 부스러기에 접근할 때 보다 더 주님(신)에게 가까이 있게 된다. 그들은 주의 칙령을 원본으로 동일하게 읽거나 쓴다 … . 철학자들은 가장 내면적인 성역 안의 충격에 함께 있었던 신비주의자들이다"(Hegel, Werke, Frankfurt 1970, Bd. 19, S. 489). 헤겔이 프로클로스(Proklos, 약 410~485)[12]와 '내밀화됨', — 이 표현은 이에 연결된다 — 이 표현에 나타난 헤겔과 '내밀화됨'은 전체 저작에 대한 방법적 단서를 제공한다. 언제나 슈타이너는 자신이 다룬 저자들의 숨겨진 내면의 삶을 추구한다. 인간에게 새로운 의미를 알려 주는 "너 자신을 알라!"는 내면적 자기 인식의 태양은 사상적으로 분명한, 현대 신비주의자의 인식 기관이다.

'대가들'의 사명

윤리적 개인주의에 대한 슈타이너의 관심은 그 자신의 전기에서 이미 급속히 본격적 전환을 맞이한다. 자기 스스로를 완전히 발견함으로써, 그는 보다 높은 존재에 대한 자신의 책임을 알아차리게 된다. 높은 자아란 더 이상 그의 행위를 위한 재료로서의 세계에 마주선 개인이 아니라(여기에 슈타이너에 있어서 피히테의 유산이 분명하다), 감

---

[12] 옮긴이 주: 그리스의 철학자로서 신플라톤주의의 말기를 장식하며, 유출설(流出設)을 철저화한다.

각 세계의 일원이며 본질과 보다 높은 정신의 일원이다. 바로 자신의 가장 개인적인 자아 안에서 슈타이너는 드높은 대가들의 사명을 받아들이는 사람이다. 그는 이들을 '지혜와 감각을 조화시키는 대가들'이라 불렀다. 1904년 암스테르담에 있는 신지학회의 전체 모임에서 슈타이너는 '신지학과 독일 문화'에 관하여 다음과 같이 말한다: 독일 민족 정신의 전체 본질은 신지학을 지향한다. 독일 문화의 주역들은 에카르트, 타울러(Johannes Tauler, 1300~1361),[13] 바이겔(Weigel), 뵈메, 실레시우스(Angelua Silesius, 1624~1677),[14] 그리고 피히테, 셸링, 헤겔의 세 별이 거명된다. 독일 문화는 신지학에 의해서 열매 맺는다. 그러나 그 자체로도 "신지학적 세계 운동을 위한 작은 동전"으로도 기여할 것이다(Beiträge zur Rudolf Steiner Gesamtaus- gabe Nr. 57, 1977, S. 17).

그는 가장 가까운 제자에게 이에 관하여 아주 공공연하게 말했다. 그래서 그는 1905년 바그너(Günter Wagner)에게 현재와 미래에 있어서 독일의 과제에 관하여 편지를 썼다. 독일은 매우 겸손하게 이 과제를 의식하게 될 것이라는 것이다. 그는 '대가들의 목소리'로 분명하게 덧붙이기를, 독일은 그 자신의 관념론자들을 천착해야 한다고 했다: "그대들은 그대들의 위대한 관념론자들인 피히테, 야코프 뵈메, 특히 안겔루스 실레시우스를 읽어라." 여기서 특히 피히테의 『인간의 규정』이 언급되었다. 여기서 중요한 것은 내용이 아니라 올바른

---

[13] 옮긴이 주: 독일의 신비주의자, 신학자.
[14] 옮긴이 주: 독일의 서정시인, 신학자.

사상 형식의 도야라고 한다. 이 사상 형식은 오의(奧義)적 내용이 생동하게 되도록 하는 데 도움을 준다는 것이다.

1906년 6월 파리에서 열린 학술 대회에서 슈타이너는 가시화된 작품과 그 안에 작용하는 18, 19세기 말에 다양한 독일 철학자들의 저류(底流) 사이의 중요한 구별을 한다. "단순한 사상의 가상적인 가벼운 형성물은 깊이 감추어진 생명의 표현으로 인식될 수 있다." 파라셀수스(Philippus Aureolus Theophrastus Bombastus von Hohen-heim Paracelsus, 1493~1541),[15] 뵈메, 실레시우스 등의 철학자 안에 맥동하는 것은 저변적인 힘으로 계속 살아가며, 이 체험의 정신은 생생하게 계속 작동한다.

1906년 여름, 슈타이너는 베잔트(Anny Besant)에게 독일 관념론 철학에 대한 필수적인 교육에 관하여 편지를 썼다. 여기서 중요한 것은 지적-철학적 작업이 아니라 사상적-내면적 관조의 의식 단계를 회상하는 일이라고 한다. 이는 서양을 위한 계속적인 정신적 발전의 필수적 토대라는 것이다. 독일에서는 이를 위해서 피히테, 셸링, 헤겔의 사상 신비주의를 깊이 연구하지 않으면 안 된다는 것이다.

헤겔 내지 전체 독일 관념론에 관한 슈타이너의 입장이 여기서 다시 한 번 새로운 뉘앙스를 풍긴다. 10년 전 슈타이너가 빠듯하게 헤겔의 반성과 이념 세계에 대한 자신의 관조 사이에 예리한 분리선을 그었다면, 이제는 언급된 관념론 사상가들을 넘어서는 도상에서 '사상

---

[15] 옮긴이 주: 스위스의 의사, 화학자, 철학자로서 질병을 화학적인 과정 장애로 설명한다.

적-내면적 관조'에 이를, 즉 사유 자체 속에서 관조에 이르는 길을 발견할 가능성에 관하여 언급한다. 지금까지는 그에게 불가능한 것으로 보이던 이 능력에 대하여 그는 '사상 신비주의'라는 역설적 성격을 부여한다. 그것이 역설적인 이유는 사상이란 그 자신의 내용상 보편적, 초개인적이지만 또한 언급된 관념론 사상가들에 의해서 아주 직접적으로 개인적으로, '피부에 와 닿게' 자신의 영혼 안에서, 이러한 의미에서 '신비한' 체험되기 때문이다. 이에 대해서 슈타이너 자신은 아래의 예를 든다.

대립물을 함께 생각하지 않으면 어떤 것도 결코 참되게 사유될 수 없다는, 완전히 헤겔적 사유 운동의 의미에서 1906년의 한 비교(秘敎) 시간에 나타낸 표현이 있다. 다시금 문제가 되는 것은 근본적으로 정신적인 것에 적합한 사상 형식, 특히 극사상(極思想)의 형태이다. 언제나 이 사상 형식을 자신의 모든 사유와 언어 가운데서 사용하는 것이 비교도(秘敎徒)의 의무라는 것이다. 이 의무는 하나의 사상 안에서 언제나 대응하는 극사상을 최소한 경미하게라도 배경에서 함께 울리도록 하는 데 있다고 한다. 예컨대 '신은 내 안에 있다'는 사상은 진리에 합치되며, 그러므로 적어도 미묘한 정도로 '나는 신 안에 있다'는 사상도 함께 사유되지 않으면 안 된다.

'치료 교육 과정'(1924년 7월 5일 강연)에서 이 모티브는 정신적 구체성으로 다시 떠오른다. 여기서는 단지 두 사상이 비로소 함께 진리를 위하여 보충되어야 한다는 사실만이 일반적으로 언급되는 것이 아니라 시간이, 밤낮의 리듬, 즉 시간 안에서의 인간의 삶이 관련된다. 두 진리는 상이한 시간에 활동하도록 되어 있다. 그 내면적 힘이 강화되기 위해서 교육자에게는 저녁에 자기 안에 있는 '내 안에 신이 있다'는 생각을 활동하게끔 할 것이 권고된다. 아침에는 하루 종일 내면을 향할 수 있도록 '나는 신 안에 있다'는 의식을 생동하도록 해야 한다는 것이다.

전체는 탑 모양으로 분명해진다: '내 안에 신이 있다'는 생각에는 노란 중심점을 가진 파란 원이 그려진다(저녁을 위한 명상). '나는 신 안에 있다'는 생각은 노란 원을 가진 파란 점이 그려진다(아침을 위한 명상). 슈타이너가 여기서 연결하고 있듯이, 우리의 연관성에서 가장 의미심장하게 요구되는 것은 과정 참가자들의 새로운 사유이다: "아래 모양과 위 모양은 동일하다." 겉으로 보기에 상이한 것은 시간 요인이 가미될 때 동일하다. 예컨대 저녁에는 파란 원이 확장된 점으로, 노란 점은 수축된 원으로 나타나고, 아침에는 이와 반대로 파란 점은 수축된 원으로, 노란 원은 저녁의 점의 확장으로 나타난다. 여기서 개념은 내면적 역동성과 운동성에 도달한다. 슈타이너는 다음과 같이 거의 헤겔 식으로 말한다: "여러분들은 원은 곧 점이고, 점은 곧 원이라는 사실을 이해해야 하며, 이것을 완전히 내면적으로 이해해야 한다." 이 예에서 수학을 사상적으로 가르치는 사람은 슈타이너가 이미 어린 시절 무엇을 체험했는지를 분명히 알게 된다.

규정된 사상 형식의 일면성은 상대주의에 빠지지 않은 채로 조정되고 완화되지 않으면 안 된다. 두 번째 예는 헤겔 철학에서도 유사하게 나타난다. 헤겔에게 이는 한편으로 세계가 그 모든 표현에 있어서

절대자 없이는 존재할 수 없고, 그러나 다른 편으로 절대자(신)도 세
계 없이는 존재할 수 없음을 뜻한다는 것이다. 슈타이너는 이것을 다
음과 같이 공식화한다:

"네가 절대적인 것을 관조하면 상대적인 것은 네게 아무런 힘도 미치지
못할 것이다."

다음과 같은 극사상이 이에 속한다:

"절대적인 것의 빛을 가지고 상대적인 것 안으로 들어가지 않으면 너는
절대적인 것을 인식할 수 없다."

1907년 3월에는 우리 시대를 위한 『지혜의, 그리고 감각을 조화시
키는 참된 대가들』의 과제 설정이 구체화된다. 왜 이 저술은 특히 뵈
메, 실레시우스, 피히테, 셸링, 헤겔에 관하여 읽도록 권고하는가? 이
사상가들에게서 실현된 사상 형식 — 사상 신비주의 — 을 습득함으
로써 성취되는 것은 무엇인가? 우리는 이미 이 사상 형식을 습득함으
로써 내오(內奧)의 교의(敎義)가 보다 생생해질 수 있음을 보았다. 이
제 더 진보한 국면이 언급된다: 정신 자체(Manas), 즉 사상의 가장
순수한 요소 속에 있는 신비로운 것을 파악하여 자기 안에서 살도록
할 것이 시대의 과제라는 것이다. "사상의 가장 섬세한 증류수 속에
있는 정신적인 것을 파악하는 것이 우리 시대의 본래적인 사명이다"

(Düsseldorf, 7. 3. 1907, GA 264, S. 243). 정신적인 것은 그러한 양식으로 강화된 사상 속에 지속적으로 살 수 있고 또 그렇게 해서 점차 깨어난 의식을 완벽하게 유지하는 가운데서 유익하게 작용할 수 있다. (슈타이너의 신지학에서도 이와 유사하게 '의식적 영혼'으로부터 '정신 자체'(Manas)로 나아감이 서술된다. 의식적 영혼의 상태에서 인간은 어떤 뚜렷한 순간에 최고의 진리를 건드린다. 그러나 그는 분수처럼 부단히 그전 상태로 다시 떨어진다. 그러나 정신적인 것을 지속적으로 자기 안에 거주하도록 하는 데 성공한다면 이는 굉장한 발전의 보폭을 나타낸다. 자아는 자유자재로 처신하며, 진리가 단지 순간적으로 체험 가능한 것이 아니라 지속적으로 개방될 수 있도록 하는 그릇이요 장소가 된다.)

대가의 이러한 사명으로부터 슈타이너가 1906년부터 헤겔과 다른 관념론자들을 다시 새롭게 언급하게 되는 이유를 알 수 있게 된다. (우리는 아래에서 언급의 범위를 본질적으로 헤겔에 관한 슈타이너의 언표에 국한시킨다.) 1906년 5월 7일 블라파츠키(Helena Petrowna Blavatsky, 1831~1891)[16]의 기일(1891년 5월 8일 사망) 전야에 슈타이너의 강연이 열린다. (주해__이와 유사하게 슈타이너는 1912년 5월 8일에도 쾰른에서 자기 안에 단지 투명한 사상만이 아니라 '가장 뜨거운 감정'을 담고 있는 '유럽의 사상가'인 헤겔의 시 '엘레우시스'를 인용한다. 이 '심장의 피로 씌어진 시'는 시버스

>16 옮긴이 주: 여류작가, 신지학회 공동창립자.

(Marie von Sivers)에 의해서 '블라파츠키의 넋에 대한 … 보상' 으로서 낭송되었다.)

우리는 이러한 총괄에 대하여 놀라움을 금치 못한다! 슈타이너가 자신이 존경한 블라파츠키에 대해서도 비판적인 주해를 달았다는 사실을 추가한다면 그 연관성은 분명해진다. 그 초감각적 경험의 위대성에도 불구하고 그녀는 정말 논리적으로 사유하는 법을 배우지 못했다는 것이다(1912년 4월 11일 헬싱포스에서 행한 러시아인들에 대한 인사말을 비교할 것). 헤겔로부터는 논리학의 일부가 아닌 '엘레우시스' 라는 시를 선택함으로써 슈타이너는 블라파츠키를 영혼적으로 환영했다. 그리고 반대로 헤겔은 정신적으로 블라파츠키와의 결합을 통해서 그에게 결여된 것, 즉 직접적인 정신적 지각과 직관으로 안내되었다. 이 구체적 예에서 슈타이너가 동과 서의 필연적인 정신적 화해(결혼)로써 무엇을 뜻했는지를 알 수 있다.

1906년 5월 7일에 엘레우시스를 소개하면서 말하기를, 중부 유럽적인 정신 생활을 누리는 어떤 뛰어난 대리인들이 밤의 적막 속에서 엘레우시스의 신비의 세계를 회상했다. 헤겔도 그러했다는 것이다. 정신적 방랑자이며 '강인한 사상의 대가' 인 헤겔은 일찍이 학생들이 신비 속에서 관조했던 상(象)들을 사유로 파악하고자 했다는 것이다. 셸링이 내면에서 추구했던 것, 즉 정신의 지적 직관, 인간 속에 있는 영원한 것을 헤겔은 외면에서, 즉 신비 속에 있는 형상(形象)적 직관을 사상적-내면적 침투로 추구했다. 이 낭송에 따르면, 헤겔이 그랬듯이, 당시의 현대에는 '인간 일반에게서 실종된 정신' 에 속하는 사상

의 힘을 밝혀내는 것이 필수적이었다는 사실이 서술된다. 그러나 '현
대의 가장 위대한 아들' 인 그에게서 동경의 목소리를 배워야 하고 또
그럴 수 있다고 한다. 강연의 말미에서는 매우 냉정하고 확실하게, 중
요한 것은 사랑과 동정이지만, 오직 인식만이 그 사랑과 동정을 유익
하도록 만든다고 선언한다. 이런 의미에서 시버스의 입장도 의미심장
하다. 1901년 가을에 시버스는 슈타이너에게 신지학적 작업을 비교
(秘敎)적인 유럽적 전통에 연결시키는 것이 가능한지의 여부를 물었
다. 이 물음이 그에게 얼마나 중요했는지, 그녀가 어떤 문을 열었는가
하는 것을 후일 슈타이너는 스스로 공공연히 언급했다(GA 254, 2.
Vortrag). 우리는 시버스가 블라파츠키를 추모하면서 헤겔의 엘레우
시스를 낭송할 때의 커다란 배경을 알아차리게 된다! 이로써 언어적-
극적 예술의 개혁을 위한 노력이 그 단초를 마련했다는 사실은 계속
비밀로 남는다. 슈타이너는 1925년 2월 1일 스스로 다시 한 번 이 단
초를 지적했다!

  ('엘레우시스' 의 낭송은 이후에 강연에서 다양하게 반복되었는
데, 마지막으로 슈타이너가 살아 있을 때에는 1925년 2월 1일 한 연
주회에서 마지막으로 낭송되었고, 여기서 슈타이너가 기획한 형태의
'엘레우시스' 가 제시되었다.)

  1907년 성령강림절에는 뮌헨에서 약 600명이 참석한 가운데 신지
학 학회의 독일 분과회에서 주관한 한 학술회의가 열렸다. 슈타이너
의 의지에 따라 대강당은 그 전체 형태에 의해서 기념식 장소를 회상
하도록 꾸며진다. 무대 앞에 설치되었던 구슬 모양의 장식을 매단 두

개의 둥근 기둥이 이에 속했다. 그런데도 지금까지 설명한 모든 것에 이어 놀랄 만한 일은 슈타이너가 이 두 개의 기둥 사이에 셸링, 헤겔, 피히테의 흉상을 세워 놓았다는 사실이다. 기둥의 끝에 제명(題銘)으로 새겨 놓은 글씨는 이 순서의 의미를 말해 준다. 왼쪽 기둥에는 다음과 같이 쓰여 있었다:

"순수한 사상 속에서 그대는
자신을 유지할 수 있는 자기(Selbst)를 발견한다네.
그대가 사상을 상(象)으로 변화시킨다면,
그대는 창조하는 지혜를 체험한다네."

오른 쪽 기둥에는 다음과 같이 적혀 있었다:

"그대가 감정을 빛으로 옰는다면,
그대는 형상하는 힘(die formende Kraft)을 드러내네.
그대가 의지를 존재로 사물화(事物化)하면,
그대는 세계 존재 속에서 창조하게 되네."

그리고 왼쪽 기둥에서 오른 쪽 기둥으로 넘어가는 기둥 사이에 셸링, 헤겔, 피히테의 세 흉상이 있다! 이 흉상들은 숄(Mathilde Scholl)에 의해서 이 순서로 호명된다.

슈타이너는 1907년 5월 19일 성령강림절 일요일에 그의 첫 번째 강연을 헤겔 인용으로 시작한다. 헤겔의 확신에 따르건대, 인류의 진보는 자유의 의식 가운데 있다는 것이다. '장미 십자가의 헌정'을 주제로 한 이 강연은 바로 헤겔의 이 언표가 가지는 '심오한 진리' 위에 구축되어 있다. 거기에는 이 헌정의 일곱 단계가 묘사되어 있다. 이 헌정은 올바른 공부와 더불어 시작한다. 장미 십자가 속에서 이것이 뜻하는 것은 순수한 사상 속에서 살라는 것이다. 여기서 다시 그의 전생애를 일관해서 독일인들이 순수한 사상 속에서 살며 행동하도록 가르치려고 노력했다는 헤겔을 내세운다. 그가 세상을 떠난지 10년이 지나자, 이 사실은 벌써 망각되었다는 것이다. "오늘날 우리는 여전히 헤겔을 다시 이해하는 데까지 나아가지 못하고 있다." 슈타이너는 감각에서 해방된 순수한 사상 안에서 사는 법을 가르쳐 주는 헤겔의 저서들을 제시한다. 그런 다음에 비로소 장미의 십자가를 헌정하는 다음 단계의 길을 걸을 수 있다. 끝마무리에 다시 한 번 첫 번째 단계의 중요성이 강조된다. 순수한 사유는 훈련 그 이상이며, '강력한 도덕적 정화'이기 때문이다. 그래서 헤겔의 말로 시작되었던 강연은 슈타이너가 장미 십자가의 근본 이상으로 나타낸, 다음과 같은 괴테의 말로 끝맺는다.

"자기를 극복한 사람은,

　모든 존재를 속박하는 권력으로부터 해방되네!"

(주해__위에서 언급된 세 흉상은 베를린의 지회 전시실에서도 전

시되었다. 비스베르거(Hella Wiesberger)는 이 흉상들 속에서 괴테의 동화와 슈타이너의 후기 신화극에 나오는 세 왕의 대리인들을 본다. — Beiträge zur Rudolf Steiner Gesamtausgabe Nr. 57, 1977, S. 10.)

헤겔 서거 77주기 하루 전날인 1908년 11월 14일, 슈타이너는 헤겔이 세상을 하직하고 그의 유지대로 피히테의 옆에 묻혔던 베를린에서 '헤겔의 개념과 범주론의 형성'에 관한 강연을 한다. 이미 신지학 학회의 전체 학회가 열릴 즈음인 같은 해 10월 20일과 28일, 그는 놀랍게도 '형식 논리학', '분석 판단과 종합 판단'에 관하여 강연했었다. 이어 11월 14일에 개념의 본질을 그림자의 상(像)에서 설명한다. 그림자의 상은 그 자체로는 아무것도 아니지만 그 원상(原像)과 유사함으로 인하여 이 원상을 알 수 있게 된다. 그래서 인간은 자신의 개념의 도움으로 초감각적 세계 가운데 있는 원상들에 관하여 알 수 있게 된다. 이 원상들의 모상(模像)들이 곧 우리의 개념들이다. 그러나 인간은 어떻게 개념에 도달하게 되는가? 인간은 이 개념을 형상적으로 자신을 향하도록 해야 하지만 동시에 개념으로 하여금 자기 스스로를 구성하도록 해야 한다고 한다!

그 순수한 개념과 더불어 헤겔의 논리학 안으로 뚫고 들어가서 익숙해지는 일이 바로 인간학자들에게는 유난히 중요하다고 한다. 이것이야말로 영혼이 자신을 교화하고 '무기력과 방탕'을 극복하기 위하여 강력하게 작용하는 중요한 수단이기 때문이라는 것이다. 이는 헤겔에 의해서 철저하게 수행되었다고 한다! 그의 철학은 사유의 훈련을 위한 거대한 가능성을 제공하며, 이는 무(無)의 개념에 예시되어 있다고 한다. 무에 관한 분명한 개념이 없이는 공(空, 니르반나)도 이해될 수 없다는 것이다. 그리고 이러한 이해의 결함으로 인하여 신지학이 병든다는 것이다!

쉬레(Edouard Schuré, 1841~1929)[17]의 「루시퍼(Luzifer)의 어린이들」이라는 드라마를 소개한 후, 슈타이너는 뮌헨에서 「루시퍼의 어린이들과 그리스도의 형제들」이라는 부제가 붙은 「서양의 빛 속에서의 동양」이라는 강연들을 한다. 이 강연들은 그 자신이 손수 썼으며, 『세 사람』이라는 잡지의 창간호에 실렸다. 이에 대하여 슈타이너는 서문에서, 이 강연들에서는 특히 가장 상이한 연관을 가지는 직관에 이르는 실마리를 이끌어 내는 일이 관건이었음을 밝힌다. 그러한 이유로 괴테와 헤겔을 숙고했다. 헤겔 철학은 괴테의 정신 실체를 파악하기 위한 올바른 정신 형식을 부여한다는 것이다. 헤겔 사유라는 도구를 통해서 괴테의 위대한 정신과 위대한 영혼을 포괄하는 일이 가능해진다는 것이다. '형식과 실체'라는 도식을 앞서(8월 27일) 저녁에 이미 다른 방식으로 사용하였다. 거기에서 루시퍼[18]의 힘 — 영혼이 내면으로부터 받아들이는 빛 — 은 형식을, 그리고 그리스도는 실체를 부여하게 된다는 사실을 뜻한다고 한다. 이미 일찍이 『루시퍼-영지』(靈智, *Gnosis*)라는 잡지에서처럼 슈타이너는 여기서 규정된 루

>17 옮긴이 주: 프랑스의 철학자이자 음악가.

>18 옮긴이 주: 'Luzifer' 또는 'Lucifer'라고도 하며, 금성(Morgenstern, Venus)에 대한 라틴어이다. '빛의 담지자'란 뜻이다. 그러나 세월이 흐르면서 기독교적 종교 이해에서는 악마와 동일시된다. 인지학의 문맥에서는 'Ahriman'과 대립적인 뜻으로 쓰이기 때문에 밝고 욕망이 없는 성질을 나타낸다.

시퍼의 힘을 처음부터 거부할 수 있는 것이 아니라, 그리스도 실체를 통해서 변화할 수 있고 통합할 수 있는 힘으로 고찰한다.

그런데 이러한 연관성에서 다시 한 번 헤겔을 언급했다. 그에게서 그 옛날 인도 베단타 철학>19에서 출발했던 루시퍼적 원리가 새로워 졌다고 한다. 베단타 철학을 새롭게 하는 헤겔의 철학은 사유의 신선한 공기가 산들거리는 영기(靈氣)의 하늘과 모든 사상을 관통하는 순수성을 드러낸다는 것이다. (이 사상은 1913년 6월 4일 또다시 관심의 대상이 된다. 헤겔은 여기서 피히테, 살로베이(Salovey)와 같은 맥락에서 거명된다. 순수한 사유 형식 속에서 이 세 사람은, 몽상적인 상의식(象意識)을 가지는 인도의 현인들이 최고의 인식으로서 추구했었던 것을 부여했다는 것이다.)

필연적인, 헤겔에게서 가능한 사유의 자기 함양의 동기를 1910년 5월 26일의 함부르크의 강연 '헤겔 철학과 현대와의 연관성'에서 계속한다. 만일 초감각적인 것에 관한 관심이 전개되되 거기에 걸맞는 정도로 논리적 사유에 대한 강한 관심이 없다면, 거기서는 재앙이 발생한다. 모든 개별적인 점에서 학적으로 단련된 예리한 사유가 필요하다. 헤겔에게서 사상의 자기 함양을 배울 수 있다. 자기 함양은 정신 과학에게 길을 열어 줄 것이고, 종종 느슨한 구성물로 나타나 드높은 정신적 세계로부터 끌어내려진 것을 확고하게 정초해 줄 것이다.

>19 옮긴이 주: 인도의 우파니샤드 철학 이후 합리적 경향을 가진 브라만파의 철학이 등장하는데, 그중 한 파의 사상을 베단타 철학이라 한다. 범(梵, 기도의 힘)을 제일 원리로 보는 절대 일원론적 유심론의 입장을 취한다.

스스로 단련된 예리한 사유는 초감각적인 것으로 옮겨가는 가교를 발견해 낼 것이라고 한다. 같은 해 1910년 8월 26일 뮌헨에서는 다시금 사유의 단련을 위한 헤겔의 투명한 명료성을 추천한다. 그러나 새로운 정신적인 인식 내용과 생산적인 인식 능력을 획득하기 위해서는 예컨대 『어떻게 보다 높은 세계 인식에 도달할 것인가?』라는 저서에 서술되어 있는 바와 같이, 성과를 얻기 위한 수단을 사용해야 한다고 한다. 사유는 잠시 정지되어야 하며, 우리는 우리 내면의 다른 측면으로부터 순수한 사유력 안으로 흘러들어 오는 것을 기다려야 한다. 이 과정은 1920년에 더욱 명확해진다. 같은 해 9월 30일 강연에서 사유는 반성 안에 머물러야 하고, 단순히 언제나 계속해서 사유해서는 안되며, 체념 가운데서 스스로를 단련해야 한다고 말한다. 오직 그렇게 해서만 개념이 열리며, 상상력으로 변화되며 발전할 수 있다.

왜 헤겔 자신은 이 길을 가지 않았던가? 슈타이너는 이 물음에 대하여 여러 가지 이유를 댄다. 1910년 6월 6일 그는 크리스티아니아(Kristiania)에서 헤겔이 자신을 순수하게 사상의 명상, '두뇌의 체험'을 관철시키는 데 제한하기 위하여 실행했던 장엄한 체념에 관하여 강연한다. 그 후 1922년 한 번(7월 8일) 당시 인류는 아직 초감각적인 정신 세계에 이르는 문을 열 수 있도록 성숙하지 못했다는 것과 헤겔과 다른 사람들의 모든 노력에 관하여 비극적인 무엇이 감지될 수 있다는 사실을 언급한다.

사후(死後)의 체험에 관한 피히테, 셸링, 헤겔 등의 묘사도 이런 방향으로 진행된다. 이 철학자들의 체험은 다음과 같은 방향으로 나

아갔다. 즉 이들은 물론 땅의 비밀들을 그들의 철학으로 철저히 형량
하기는 했었지만 속수무책으로 인간이란 진정 우주적인 전체 연관성
에서 무엇을 뜻하는가 하는 물음에 마주 세워졌으며, 이들은 심지어
초감각적인 삶의 정신적 현상에 대하여 아무런 흡족한 개념도 가지지
못했다는 것이다. 슈타이너의 내밀한 서술에 의하면, 이러한 상황에
서 정신 과학에 의해서 관철된 모르겐슈테른(Christian Morgenstern,
1871~1914)[20]의 영혼이 이들에게 반짝이는 별처럼 비쳤으며, 그가
가져다 준 것을 통해서 도움을 주었고 또 그들을 정신적으로 지침해
주었다고 한다. 그래서 그는 정신의 왕국 안에서 생동하는 인간이란
무엇인가라는 물음에 많은 답을 줄 수 있었다. (1915년 3월 28일 모
르겐슈테른의 1914년 3월 31일 서거일에 행한 추모에서)

　　1914년 3월 『19세기의 세계관과 인생관』(1900/01)이라는 저서가
『철학의 수수께끼』라는 증보판으로 출간된다. 철학사에 대한 정신 과
학적 고찰은 많은 것을 새롭게 서술한다. "사상은 영혼의 교육자임이
입증되었다." 사상은 인간을 고독하게 만들었다. 그러나 이 사상의
고독성 속에서 영혼은 스스로를 내면적으로 심화할 수 있는 능력을
단련시킬 수 있다. 영혼은 동시에 그 깊은 밑바닥에서 보다 깊이 세계
의 현실 가운데 서 있는 셈이다. 영혼은 사상에서 스스로를 변화할 수
있다. 개별적인 철학적 체험이 아니라 철학적 작업 가운데서 도달할
수 있는 영혼의 능력들이 중요하기 때문이다.

---

[20]　옮긴이 주: 독일의 시인, 작가, 번역가.

제1차 세계대전의 첫 달로부터 곧바로 1917년에 이르기까지 슈타이너는 베를린과 독일 내의 다른 도시들에서 독일 관념론의 위대한 사상가들에 관한 일련의 강연들을 행했다. 이 40여 회의 강연에서(그 대부분이 현재 GA 64와 GA 65로 출간되었다) 슈타이너는 최고의 의미에서 인류의 정신 생활을 위한 독일 관념론의 문화적 기여를 회상하는 일에 지칠 줄을 모른다. 이 주제는 그가 35년간 파악한 사상을 『인간의 수수께끼에 관하여』라는 저서에 종합하여 1916년 3월에 출간할 정도로 그에게는 중요하다. 1916년 7월 11일 그는 이 저서야말로 심장의 피로 쓰여졌으며, 각 말과 용법을 그가 변호할 수 있을 정도로 구성하기 위하여 한 문장에 무려 이틀이 걸렸노라고 말한다. 이 저서가 과연 읽힐 수 있느냐 아니면 다시금 이전의 책들처럼 거의 읽히지 않느냐 하는 것이 반드시 드러날 것이라고 한다.

헤겔의 관심은 한 장(章)에 서술되어 있다. 데카르트(René Descartes, 1596~1650)[21]는 사유를 자신의 철학의 토대를 확립하기 위한 **심리적 사실**로 만들었다: 내가 (무엇을) 의심한다고 하더라도 내가 의심한다는 사실은 의심할 수 없다, 그러므로 의심하는 나는 존재한다. 이에 반해서 헤겔은 개별자의 개인적 사유가 세계 사유를 나타

[21] 옮긴이 주: 프랑스의 철학자, 수학자로서 근대 대륙 합리론의 정초자이자 근대 철학의 아버지로 추앙받는다. 그의 코기토의 원리는 사유하는 실체로서의 자아를 원리적인 실체로 설정한다. 비록 신을 무한 실체로, 연장과 속성을 유한 실체로 규정하기는 하지만 실제로는 사유하는 실체로서의 이성을 모든 출발점의 제일 원리로 설정하며, 그 결과 인간 이성을 철학의 제일 원리로 삼는 근대 철학에서 최고 원칙의 출발점이 된다.

낼 수 있다고 가르쳤다. 그러나 세계 사유의 근원적 힘은 인간이, 신비가들이 그렇게 하듯이, 오직 내면적으로 스스로를 희생할 때에만 나타날 수 있다. 그러나 이 신비적 희생은 헤겔에 있어서 이념 세계의 명료성 가운데서 수행된다. 인간이 자신의 사상의 힘을 희생하기를 배운다면, 세계 속에서 작동하는 우주적 사상, 창조적 이념은 인간의 의식 가운데서 빛을 발할 수 있다. 1914년 3월 4일에 슈타이너는 이미 '골고타의 신비에 이르는 전단계'를 묘사하는 연관성에서 우주적 사상에 이르는 헤겔의 통로를 제시했으며, 이것을 요한의 서곡이라는 형태로 바꾸어 표현했었다. 인간의 사상은 헤겔에서 그 정점에 도달하며, "진리 가운데 있는 사상의 생명과 활동(Weben)은 작용하는 정신이다"라는 명제로 요약되기 때문이다. 슈타이너가 변화시킨 「요한복음」의 서두는 다음과 같다:

태초에 사상이 있고,

그리고 사상은 무한자이며,

그리고 사상의 생명은 자아의 빛이니라.

빛을 발하는 사상은

내 자아의 흑암(黑暗)을,

내 자아의 흑암은 그 사상을 감싸 안도록

생동하는 사상을 충만시킬 수 있노니,

그리고 그 사상의 신적인 태초에 살고 활동하노라.

역사가 린덴베르크(Christoph Lindenberg, 1930~1999)[22]는 이 글이 그의 학창 시절에 얼마나 커다란 격려를 안겨다 주었는지를 밝혔다(Die Drei 1/1977, S. 5). 이러한 격려를 슈타이너는 매우 특이하게 1916년에 발간된 『인간의 수수께끼에 관하여』의 헤겔 장에서 강조한다. 이 연관성에서 두 가지 신조가 언급된다. 그 하나는 헤겔에서 독일 관념론은 사유의 초감각적 본질성을 신봉했다는 것이다. 다른 하나는 헤겔에 있어서 어떠한 형태로도 감각적인 세계 속에 존재하지 않는 초감각적인 것의 인식이 발견되지 않는다는 것이다. 그럼에도 불구하고 그의 철학에는 모든 감각적인 것의 정신적 본성에 대한 신조가 들어 있다는 것이다. 감각적인 세계를 그 참된 형태로 파악하는 사람은 이 세계가 사실은 정신적인 본성을 가진다는 사실을 인식하게 된다.

제1차 세계대전 이후: 승인과 속행(續行)

승인과 속행 — 이는 슈타이너에 의하면 독일 관념론에 들어맞는 입장이다. 왜냐하면 독일 관념론 속에는 인간의 초감각적 인식 능력의 현실적 전개를 위한 맹아가 들어 있기 때문이다. 이미 1918년에 필수 불가결해진 제2판의 『인간의 수수께끼에 관하여』에서 슈타이너는 이

>22 옮긴이 주: 독일의 주교, 철학자, 법률가, 자연과학자, 신학자. 기독교의 아리스토텔레스주의자.

방향으로 서문을 보완한다: 우리가 독일 관념론 사상가의 철학에서 이미 언표된 것으로부터 아직 언표되지 않은 것으로 나아간다면, 풍부하게 씨앗으로 뒤덮인 토양을 발견하게 되는데, 지금까지는 이 토양으로부터 단지 개별적인 것만이 움터 나왔다는 것이다. 이 사상가들에게서는 심오한 자극, 목표가 확실한 방향을 지향하는 강한 암시, 그리고 유익한 통찰을 위한 강인한 힘을 발견할 수 있다. 우선 냉정하고 추상적으로 보이는 것은 정신적인 안온함으로 바뀐다. 이 관념론자들 — 1918년의 추가는 이렇게 덧붙인다 — 의 사상은 "무한한 생명의 열기로 …, 말하자면 인간이 단지 현실적으로 자기 자신을 올바르게 이해할 경우 추구해야만 하는 열기로 꽉 차 있다"(GA 20, 1957, S. 22)고 한다.

그러나 슈타이너는 또한 완결된 체계로서의 헤겔, 그의 철학을 하나의 종점으로서 언표하는 일에 머무르는 것이 얼마나 잘못된 것인지를 명백하게 지적하기도 한다. 이 해(1916년 ?)에 슈타이너는 한 비망록에 셸링, 피히테, 헤겔의 오류들을 개략적으로 적어 놓는다. 헤겔에 대해서, 그가 탐구하면서 세계 정신에 몰입하고자 했기 때문이 아니라, 이념을 관통하여 이 정신에 몰입하는 대신 이 이념 자체에 몰입했기 때문에 세계 정신에 대하여 혼동했다고 적는다. 세계 정신 자체에 몰입하는 대신 '논리의 우상 숭배'가 생겨났다는 것이다. 셸링에 대하여, 자연은 정신이 자연 가운데서 발견할 수 있었던 것 이상의 정신을 포함한다고 적는다. 그리고 피히테는 창조-의지로부터 전체 인간이 아닌 단지 인간의 이념만을 산출하도록 했다고 적는다(Beiträge zur Rudolf Steiner-Gesamtausgabe Nr. 30, 1970, S. 19). 이 위험성은 1919년 7월 13일에도 매우 다급하게 묘사되었다. 인지학(人智學)에서 주장되고 표현되듯이, 헤겔은 사유를 초감각적 인식의 가능성과 필연성으로부터 최고의 정신 발전에 다다르게 하지 못했으며, 그의 사유는 '가장 무정신적인 철학, 즉 정신의 최고 긴장을 통해서 산출된 사유'이다. 그 이유는 헤겔에 있어서는 오직 물리적인 육체만이 정신적인 것을 파악했고 동시에 짜냈기 때문이라는 것이다. 그러나 슈타이너의 비판은 더 나아간다. 그는 헤겔 철학과 제1차 세계대전 사이의 특이한 결합을 도출한다.

출발점은 다시금 헤겔이 언표한 것, 그 내용, 즉 그의 체계이다. 이것을 일종의 정신의 도식으로, 세계 안에 등장하여 그 논리적 실체 안에서 작용하는, 일종의 영기(靈氣)를 띤 육신(肉身)으로 표상해 보라. '세계를 초월하여 휩쓸어 가는(hinfegend) 이 정신 유령'을 생각해 보라, "그러면 물리적으로 최근 4, 5년간 유럽적인 세계 파국으로 등장했던 것에 대한 견본을 가지게 될 것이다." 외적인 삶에 "세계대전적인 파국의 공포"로 나타났던 것은 영혼적인 것 안에 있는 헤겔의 교의(敎義)와 연결된다. 슈타이너는 여기서 헤겔 변증법이 마르크스의 변증법적 물질주의로, 레닌의 혁명적 전략으로 급전환된 것을 뜻하는가? 그는 제1차 세계대전의 출발점에 서 있는 수많은 민족주의를 뜻하는가?

이러한 연관성에서 볼 때 최소한 분명해지는 것은, 그 어떤 '대가의 말'에 맹세하는 것이 자유로운 정신을 위해서, 그리고 자신의 판

단의 자유를 위해서 얼마나 불행한 일인가 하는 것이다. 여기서는 헤
겔과 괴테가 그 예로 제시되는데, 중요한 것은 단지 그러한 정신에서
교훈을 얻고, 자신의 정신을 풍요롭게 하는 일이다. 그러면 슈타이너
자신의 서술은 무엇인가? 그는 이 서술도 역시 '대가의 말'이 아니라
인간이 자신의 정신을 풍요롭게 하는 법을 배울 수 있는 무엇으로 이
해하고자 했단 말인가?

　이 물음에 대해서는 슈타이너가 헤겔에 관하여 보고한 1918년과
1919년의 언급을 서로 비교하는 것이 유익하다. 1918년에 나온 저서
『인류의 수수께끼에 관하여』의 제2판에 대한 추가에는 이렇게 되어
있다: 최고의 찬사는 아마도 독일 관념론자들에게 돌아갈 것이다.
1919년에는 이렇게 나타난다: 예컨대 헤겔과 괴테와 같은 대가의 말
에 맹세하는 일에 대한 경고는 곧 헤겔 철학과 제1차 세계대전의 공
포스러운 파국 사이의 연관성이 가지는 감추어진 암시다. 그런데 흥
미로운 과정이 시작된다. 다시 한 번 1918년 및 1919년의 표현을 검
토하고 보다 정확히 읽는다면: 헤겔의 추구, 그의 이중적인 신조는
인정되며, ― 그의 완성된 체계가 아닌 ― 그의 사유력, 그의 모범적
인 훈련, 자기 자신의 사유로 하여금 세계 사상이 그 안에 들어갈 자
리를 발견할 수 있도록 하는 그의 태도 역시도 인정된다.

　슈타이너의 (헤겔에 관한) 언표가 보여 주는 풍부한 다양성을 고
려한다면 언표들 간의 대립성은 독단적인 대가의 말에 대한 애착과는
상반되게 움직이며, 자기 자신의 판단을 위한 여지를 남겨놓는다!

　또한 헤겔 철학과 제1차 세계대전의 연관성에 관한 지적은 헤겔

에 대한 슈타이너의 언술을 마무리하도록 할 것이라고 생각할 수도
있을 것이다. 그러나 그렇지 않다. 정반대이다! 1920년은 헤겔에 대
한 긍정적인 평가의 새로운 정점을 기록한다. 헤겔 탄생 150주년인
1920년 8월 27일 슈타이너는 '헤겔 논리학에 있어서의 영원한 것과
마르크스주의에 있어서의 그 반조(反照)'라는 주제의 강연을 한다. 우
선 전기(傳記)의 도움을 받아 헤겔에서 중부 유럽적인 정신 생활의 정
수(精髓)가 그의 상이한 표현들 속에 통합되어 있음을 지적한다. 다음
으로 헤겔 논리학의 근본 사상을 전개하고, 이 논리학은 곧 세계 창조
이전의 신의 사상이라는 헤겔의 견해를 내용상의 문제로 제기한다. 세
계의 풍부한 충만성은 이 사상으로부터 파악될 수 없을지도 모른다는
것이다. 무엇을 더 끌어낼 수 있을 것인가? 특히 1919년의 언급을 다
시 생각해 볼 때 이것으로 헤겔은 '끝장' 나는 것은 아닌가? 여기서
헤겔은 매우 놀라운 관점에서 아주 새롭게 조명되고 묘사된다.

이제 슈타이너는 우선 괴테아눔>**23** 동쪽 끝에 배치하려고 했었던
기둥 그룹을 묘사하는데, 그것은 루시퍼와 아리만 사이에서 완전한
영혼적 균형을 이루고 있는 인류의 대표이다. 인간으로 하여금 부단
히 균형을 유지하도록 하고자 하는 이들(루시퍼와 아리만)이 인간에
게 미치는 물리적, 영혼적, 정신적 영향을 짧게 기술한다. 이러한 배
경에서 헤겔을 새롭게 조명한다. 그가 자신의 『논리학』을 출간했을
때(1820년대), 인류는 이미 물질주의적으로 되기 시작하였다. 독일

>**23** 옮긴이 주: 스위스 바젤에 있는 괴테 기념 예술관.

관념론은 전반적으로 이에 대해 저항했다! 인류는 지식에서, 인식에서 물질에 빠질 위험이 있었다. 그래서 슈타이너는 헤겔의 업적을 분명하게 묘사한다: 인류는 물질적인 것에 빠질 위험이 있었다, 헤겔 — 인류의 대표처럼! — 은 그 중심에 서서 혼신의 힘을 기울여 거기에서 빠져 나오려 했으며, 아리만으로부터 "그가 가진 좋은 것, 즉 우리가 내적인 해방을 위해 필요한 추상적인 논리학을 구해 냈다 …." 헤겔은 아리만으로부터 논리학을 구해 내고, 그것을 인간 속에 있는 아리만적 요소에서 해방시키며, 인간의 사유 안으로 고양시켜 인류에게 선사한다.

헤겔의 논리학은 19세기 초의 위기 상황에서 아리만적 힘들로부터 해방되었으며 인류는 그 논리학을 필요로 한다는 사실이 강조된다. 이 논리학의 특성은 무엇인가? 우리는 이 논리학에서 모든 내면적인 인간적 영혼의 힘을 통해서 내적으로 스스로를 지탱하지 않으면 안 된다. 이러한 의미에서 헤겔의 논리학은 영원한 무엇이며, 부단히 추구되지 않으면 안 된다는 것이다. 헤겔의 논리학이 없다면 두 가지 위험이 도사리게 되는데, 마르크스에서와 같이 물질주의에 빠질 위험이 있거나, 아니면 슐라이어마허에서와 같이 '허약성'에 빠진다.

모든 정신 과학은 냉정한 사려와 아리만에게서 쟁취했던 단단한 이념의 체계를 필요로 한다고 한다. 그렇지 않으면 모든 정신 과학은 '곱추병이 걸리게' 되고야 만다는 것이다!(이는 1887년에 이미 폴켈트(Johannes Volkelt, 1848~1930)[24]에 관한 한 논문에서 우리 사회의 커다란 부분이 정신 관계에 있어서 골수의 고갈과 뼈대의 허약화에 고통을 당하고 있음을 뜻한다고 한다. GA 30, S. 248.) 바로 지금 1920년에 되도록 많은 사람이 헤겔에게서 의미심장한 것을 상기하는 일이 1914년보다 훨씬 중요하다. 죽은 헤겔이 아닌 산 헤겔이 중요하다. 영혼은 헤겔, 바로 이 헤겔에서 깨어날 수 있고, 또 이것이 필요하다. 우리는 그렇게 함으로써 내면적으로 강해질 수 있다. 1908년 3월 14일에 이미 슈타이너는 곱추병은 추상적 사유를 통해서, 예컨대 기하학에 있어서의 추상적 사유를 통해서 퇴치될 수 있을 것이라고 지적한 바 있는데, 그 이유는 이러한 추상적 사유가 정신적으로 재 (Asche)를 만들어 내고 빼대를 강하게 만들기 때문이라고 지적했었다. 슈타이너는 무엇 때문에 이러한 강화가 필요한지를 1920년 8월 20일의 강연 마지막에서 이렇게 묘사한다: 그는 동구에서 종교와 같은 열정으로 수용된 볼셰비즘을 경고하며, 나치의 갈고리 십자 휘장의 승리 개선 행렬을 경고한다 …. 이와는 반대로 우리는 현재적으로 생동하는, 헤겔에게서 획득될 수 있는 그대로의 사상적인 명료성, 내적인 정신적 확고성, 정신 단련이 필요하다. 헤겔 속에 있는 이러한 영원한 것은 정신 과학에 의해서 새로운 생명으로 깨어나야 한다. 슈타이너는 이미 1915년 10월 19일에 아리만과 루시퍼의 적대적 힘에 대항하는 데 도움이 되는 수단으로서 헤겔을 제시했었다. 헤겔은 자신의 철학을 존재 속에 있는 모순을 발견해 내는 바탕 위에 구축했다는 것이다. 모순은 회피할 수 없는데, 그 이유는 모순이야말로 생명에

>24 옮긴이 주: 독일의 인지학자, 역사가.

속하기 때문이라는 것이다. 그러나 우리는 모순을 인식해야 한다. 아리만과 루시퍼는 인간 안에 모순을 발견해 내려는 힘과 의지가 결여되어 있을 때에만 작용할 수 있다. 1921년 1월 9일의 강연에서는 피히테, 셸링, 헤겔의 지적인 정신성이 동(東)과 서(西), 루시퍼적인 신비주의의 위험과 아리만적인 물질주의의 위험 사이의 종합을 준비했음을 뜻한다.

그러나 헤겔 탄생 150주년 강연 이후에도 계속해서 어떤 과제의 설정이 문제되느냐에 따라 슈타이너의 비판적인 주해가 달라진다. 1920년 9월 28일, 즉 단 한 달 후에 슈타이너는 헤겔의 교의(Hegeltum)가 사회 생활에 무용함을, 9월 30일에는 이념과 개념을 상(像)과 상상(想像)으로 변화시켜야 할 필연성에 관하여 언급하는데, 이는 현실이 상(像) 안에 살아 있기 때문이라는 것이다. 마침내 10월 3일 셸링과 헤겔의 자연 철학은 일종의 막다른 골목이라는 사실이 입증되었음이 확인된다 하였는데, 이는 그들의 자연 철학이 상상과 영감(靈感)이라는 보다 높은 인식에 도달하지 못했기 때문이라고 한다.

1920년의 막바지인 12월 4일 슈타이너는 쌍방의 타협점을 찾지는 못했으나 헤겔과 쇼펜하우어의 예에서 사상과 의지의 양극성(兩極性)을 근본적으로 고찰한다. 쇼펜하우어에게 모든 사상적인 것은 단지 주관적인 것, 단지 표상에 지나지 않는다. 본래적으로 실재적인 것은 의지이다. 그는 사상을 그 우주적 실재성 속에서 파악한 헤겔을 전혀 이해하지 못했다. 놀랍게도 슈타이너는 여기서 서양의 비밀 사회와의 결합을 끌어들인다. 세계는 본래 사상으로 이루어졌다는 사실은 비밀

스럽게 유지된 서양의 비의(秘義)라는 것이다. 그러므로 헤겔 철학은 어떤 식으로든 '서양의 비교(秘敎)의 근본 신경'이라는 것이다. 이에 반해서 쇼펜하우어는 의지의 숭배자이다. 그의 의지 철학은 동양을 암시하는데, 그 이유는 동양적 세계관은 예컨대 우주적 의지의 한 국면을 나타내는, 만물을 관통하는 사랑의 형식을 취하는 우주적 의지에서 출발하기 때문이라는 것이다.

그런데 슈타이너는 여기서 단지 짤막하게 스케치될 수 있는 두 시각을 결합한다. 우주적인 것은 특히 고대의 사상적 요소에 풍부했었으나 우주 안에 있는 그대로의 사상은 점차로 죽어갔다는 것이다. 의지의 요소는 미래에 있는 것이지만, 우선은 밝혀지지 않는다. 인간의 과제는 우주적 사상을 자신의 인간적인 사고 속으로 받아들이고 그와 더불어 우주적인 의지 요소를 관철하여 밝혀내는 일이다. 그래서 인간은 우주적 사상을 보존하며, 그것을 미래의 의지 요소와 결합시킴으로써, 그것을 과거에서 미래로 옮겨 놓는다. 이렇게 헤겔과 쇼펜하우어의 일면성은 보다 높은 통일 속에서 결합된다.

여기에 마지막 관점이 첨가된다고 한다. 생애의 마지막 순간에 슈타이너는 20세기의 배경, 특히 다음 세기로의 이행 과정에 있는 세기말에 인류의 과제에 관하여 언급했다. 20세기의 정신적 배경에는 인간의 지성을 위한 투쟁이 발견된다. 인간의 지성은 점차 많은 인간에 있어서 모르는 사이에 아리만에 의해서 지배되고 이용되는가? 혹은 인간은 자유로이 지성, 즉 그 사유의 힘을 전(全) 인류의 힘으로 관철시킬, 다시 말하면 인간화할, 그리고 대천사(大天使)와 그리스도를 결합시킬 길을 발견하는가? 어떻게 이 투쟁에 이르게 되었는가 하는 것을 슈타이너는 1924년 8월 8일 묘사한다. 여기서는 상세히 설명할 수 없는 우주적-위계적 배경에서 볼 때, 수세기 이래로 자기의 마음속에 미하엘, 즉 그리스도에 봉사하는 태양의 대천사를 저버리고 인간의 사유를 우주로부터 벗어나게 하려는 충동을 간직한 사람들이 있었다.

이에 반해서 정반대의 충동을 가졌던 다른 사람들도 있었다. 예컨대 13세기의 도미니코회 수도사들이 그러했다. 예컨대 토마스 아퀴나스나 그의 스승인 마그누스(Albertus Magnus, 약 1200~1280)[25]를 생각해 보라. 그들의 깊은 의도는 인간의 사유를 대천사 및 그리스도와 긴밀하게 연관시키는 일이었다. 그들은 자신들의 사상이 언제나 동시에 또한 그리스도의 사상일 수 있도록 사유하고자 했다.

헤겔 철학 역시도 이러한 연관성에서 볼 수 있다. 1920년 8월 20일의 강연에서 슈타이너는 헤겔의 논리학이 기독교적 행위였고, 지금도 그러하다는 사실을 전개한다. 그는 사유의 영역에서 루시퍼와 아리만의 한 중간, 즉 그리스도 편에 서 있는 헤겔을 발견한다. 헤겔은 도미니코회 수도사들의 노력을 계속했던 것이다. 그는 사유를 대천사 및 그리스도와 긴밀하게 결합시켰다. 그는 명료성을 상실하지 않은 채 인간의 힘, 온기로써 사유를 관철시켰다. 그는 사유를 그리스도의 의미에서, 그리스도의 정신에서 유지하기 위해 그것을 아리만으로부터 구해 냈다. 이것은 분명 헤겔의 임무요, 사명이었다. 그의 사상의

[25] 옮긴이 주: 독일의 철학자, 신학자, 자연과학자이자 성직자(주교)이다. 도미니코회 중심인물로 토마스 아퀴나스와 함께 스콜라철학을 완성했다.

숙고 가운데서 우리에게 그 영원적인 것이 생겨나도록 하는, 그러한 방식으로 생동하는 자로서 헤겔은 새로운 세기에 인간의 지성을 위한 투쟁에서 정신적인 조력자가 될 수 있다. 그래서 세기초에 '대가들'은 슈타이너에게 관념론자들, 특히 헤겔을 제시했다. "그대들의 위대한 관념론자들을 읽으라."

헤겔에 대한 슈타이너의 최후의 언표 중의 하나는 1924년 3월 29일 프라하에서 행한 강연에서 발견된다. "저는 여러분에게 헤겔의 저작들이 매우 비의(秘義)적이라는 사실을 확신할 수 있습니다. 여러분은 이 저작들을 어디서나 구입하실 수 있겠지만, 그것은 매우 비의적입니다. 그것을 이해하는 사람들은 극소수에 불과합니다."

슈타이너의 언표는 전체적으로 '대가의 말 한 마디'를 포괄적으로 타당한 진리로 맹신하는 것이 얼마나 잘못된 것일 수 있는가 하는 것을 보여 준다. 물론 슈타이너는 그렇게 하지 않는다. 그의 서술 방식에서 분명해지는 것은, 그는 그러한 서술을 통해서 자유로운 정신성, 자유로운 판단을 촉진하고자 했다는 사실이다. 인지학에서 나온 가장 상이한 서술들에 대한 철저한 연구는 판단력을, 그리고 그렇게 하여 진리 발견의 시야를 촉진한다.

9. 마무리

헤겔은 현실적인 사유를 일종의 제식(祭式)으로, 예배로 이해했다. 이로써 인류의 길은 암시된다: 우리가 자유롭게 사용하는 인간의 지성은 신의 세계에서 유래한다. 헤겔의 가장 심오한 관심은 인간의 사유를 그 신적인 원천과의 연관성 속에서 유지시키며 동시에 사유를 완전히 인간적인 것의 힘으로써 관철시키는 일이었다. 인간의 사유 가운데 나타나는 자유는 그러한 자유를 벗어나(aus Freiheit) 신적인 것과 결합된다. 분리가 없다면 인간은 '신적' 일지는 모르지만 자유롭지는 못하다. 그러나 인간이 분리된 채 방치된다면 그의 전 존재에 병이 들게 된다. 사유 가운데서 인간은 아리만과 그리스도 사이의 선택 앞에 서게 된다. 우리 문명의 형성은 이 선택에 의해서 규정된다.

　우리가 인간으로 서 있는 최고의 시험대는 자유이다. 헤겔은 이 상황에서 우리 앞에 현대의 한 경고자 처럼 설 수 있다: "사유에 있어

서 정신과의 결합을 유지하라. 그대들의 사유를 신적인 세계의 과정
으로 파악하라. 그대들의 사유를 인간적인 것, 즉 의식의 명료성과 가
슴의 뜨거움과 선한 의지력 등의 모든 힘으로써 관철하라."

노발리스에 있어서 시가 오성이 낸 상처를 낫게 할 수 있었다면,
헤겔에 있어서는 사유 자체가 인간을 비인간적인 것 속으로 빠뜨리거
나 아니면 열광적이고 광신적인 것 속으로 유인하여 그를 병들게 하
려는 권력에 저항하는 내적인 건강의 원천으로, 그것을 극복하는 힘
으로 된다. 스스로를 신적인 것으로부터 해방시키는 사유가 세계 전
체에 가했던 상처는 이렇게 인식에 의해서, 사유 자체에 의해서 치유
된다. 헤겔의 사유는 일종의 기독교적 행위이다.

"상처를 냈던 그 창(Speer)만이 상처를 아물게 하는 법이다."

부 록

1. 헤겔 텍스트

주해: WW는 Hegel. Werke in 20 Bänden, Frankfurt a.M. 1969ff., GW는 Hegel. Gesammelte Werke, Hamburg 1968ff.를 가르킨다.

1.1 엘레우시스.[1] 횔덜린에게(1796. 8.)

내 주위에, 내 안에 안식이 깃들고, ─ 바쁜 이들의

결코 지칠 줄 모르는 심려는 살포시 잠드는데, 그들은 나에게 자유와

여유를 주네─그대에게 감사하오, 그대 나를

해방시켜 주는 여인, 오 밤이여! ─ 뽀오얀 안개꽃을 머금은

달님이 아스라한 언덕빼기의

어슴푸레한 능선들을 포근히 감싸 안고; 다정하게

호수의 은은한 물결이 이쪽을 응시하네 ─

회상은 낮의 지리한 소음을 멀어지게 하노니,

그 소음과 지금 사이에는 긴긴 몇 해의 세월이나 가로놓여 있기라도

하듯이;

사랑하는 사람아, 그대의 모습,

그리고 사라져간 날들의 환희가 눈에 선연히 밟힌다오; 허나 어느덧

그 환희마저 스르르 자취를 감추고

다시 만나리라는 달콤한 희망 ─

벌써 나에게는 오랫동안 갈망하던, 열화 같은

포옹의 장면, 그리고는 서로를 물끄러미 바라보는

그리고 더욱 은밀히 안부를 묻는 장면이 떠오르오,

---

[1]　원작에 있는 그대로의 쓰기법에 따름.

여기에 벗에 대한 태도와 표정, 그리고 마음가짐에서

그 후 달라진 것, ― 그것은 더욱 확고하고, 더욱 성숙하게 발견되는

확신의 희열, 오랜 유대(紐帶)의 신의(信義),

어떠한 맹세로도 번복할 수 없었던 신의,

오직 자유로운 진리에 살고, 망상과 일시적 기분을 억누르는

규약으로써 결코, 결코 깨뜨려서는 안 되는 평화라네.

산 넘고 강 건너 손쉽게 나를 그대에게 데려다 주었던

소망은 이제 타성에 젖은 현실과 타협하는데,

― 그러나 곧이어 한탄이 그들의 갈등을 예고하고, 이 한탄과 더불어

달콤한 환상의 꿈은 저만치 도망쳐 가네.

나의 눈은 그대, 영원한 천국의 아치로 드높여지오,

오 밤하늘의 반짝이는 별들이여!

그리하여 모든 소원과 모든 희망의 망각이

그대의 영원함으로 인하여 흘러가 버리는구려;

관능(官能)은 직관 속에서 소멸되고,

내가 나의 것이라 불렀던 것은 사라지며,

나는 그 가늠할 길 없는 것으로 향하네,

나는 그 안에 있고, 모든 것이며, 오직 그것일 뿐이라네.

회귀하는 사상(思想)은

무한자(無限者)가 낯설고, 두려운 나머지, 놀라워 하면서도

이 직관의 심연을 포착하지 못하네.

환상은 영원을 관능에 다가서게 하고

감각적인 형태와 합치시키니 — 환영하오, 그대

숭고한 정령(精靈)들, 고귀한 그림자들여,

그대들의 이마에는 완벽함이 빛나도다!

회귀하는 사상은 놀라게 하지 않아, — 나는 그것이 또한 내 고향의

영기(靈氣),

진지함, 그대들을 감싸고 흐르는 광휘임을 느낀다오.

하! 이제 그대 성역(聖域)의 작은 문들이 절로 솟구치듯 열리는구려,

오 그대, 엘레우시스를 다스리는 체레스(Ceres) 신이시여!

감동에 취해 이제 나는,

그대가 가까이 있음을 보고 전율을 느끼며,

그대의 계시를 이해하오,

나는 그 모습들의 드높은 의미를 해석하고,

신들이 식사할 때의 찬가 소리와

그대들이 조언하는 드높은 말소리를 들으오. —

그러나 그대의 메아리가 그쳤으니, 오 여신이시여!

신들의 왕국은 세속화된 재단으로부터,

신성(神聖)이 모독된 인류의 무덤으로부터 추방되어,

올림포스산으로 쫓겨났으니,

인류를 매료시켰던 무구한 수호신이여! —

그대의 사제들의 지혜는 침묵하고, 그 어떤 신성한 숭고함의 음조도

더 이상

우리를 구원하지 못했으니 — 그리고 헛되이

지혜(이 호기심을 추구하는 자들은 지혜를 소유하고, 또 그대를

경멸하니)에 대한

사랑보다는 훨씬 더

탐구자의 호기심을 추구하니—

— 이 지혜를 정복하기 위하여 그들은 말들을 파고드네,

마치 그 속에 그대의 드높은 의미가 각인되어 있기라도 하듯이!

헛되도다! 그래봐야 이 말들은 단지 먼지와 재만을 얻을 것인즉,

그렇게 해서는 그대의 생명은 그들에게 영원히 회귀하지 않네.

그러나 또한 혼이 빠진 진흙탕으로 굴러 떨어지리

영원히 죽은 자들이여! — 겸손한 자들이여! — 무상한 일이지

그대 축제의 어떠한 표식도, 어떠한 모습의 흔적도 남지 않으리니!

숭고함의 아들에게 형언할 수 없는 심오한 느낌으로

가득 찬 드높은 가르침은 너무나도 성스러웠으니,

이 아들은 메마른 표식으로 이 심오함을 평가할 수 없을 정도라네.

그의 사상은 이미,

시공 밖의 무한을 알고

거기에 몰입하여 자신를 망각하고, 다시금 의식이

깨어나는 영혼을 파악하지 못하네. 타인에게 이것을 말하고자 했던

사람은,

천사의 혀로 지껄인들, 말들의 빈곤을 통감할테지

그가 두려워하는 것은 성스러움이 그토록 왜소하게 생각되고,

이 때문에 실제로 그토록 왜소해졌으므로, 말이 그에게는 죄악으로

여겨지고,

그는 이것이 두려워 입을 다물게 되네.

봉헌받은 자가 그렇게 스스로를 금지시켰던 것을, 어떤 현명한 법은

가난한 망령들에게 성스러운 밤에 보고, 듣고, 느꼈던 것을

알리지 못하도록 금지시켰네 ―

이들의 소란스런 비행(非行)도 회심자 자신의 경건함을

방해하지 못하고, 그들의 헛된 말꾸며대기는

신성함 자체를 지향하는 그를 진노하도록 했고, 이 신성함은

자신을 그냥 기억에 위임하리만치

진흙탕으로 떨어지지는 않을 것인 즉, ―

신성함이란 은화 몇 닢을 받고 팔아 넘겼던

장난감이나 궤변가의 상품으로,

수다쟁이 위선자의 외투로도 되지 않고, 혹은

조잘대는 아이들을 때릴 회초리로도 되지 않으리니,

그래서 결국은 그의 삶의 뿌리를 단지

낯선자의 혀가 토해 내는 반향 가운데 가질 정도로 공허하지는 않네.

여신이여, 그대의 아들들은

인색하게 그대의 명예를 골목과 저자로 내놓지 않았으니, 그것을

가슴 깊은 내면의 성스러운 곳에 간직하도록 하오―

그러므로 그대는 그들의 입에 살지 않으니,

그들의 삶은 그대를 경외하며, 그대는 아직 행위 가운데에 살고 있소

이다.

이 밤도 나는 그대 신성한 여신의 음성을 듣네,

그대의 자녀들의 삶 역시도 종종 나에게 그대를 계시하니,

나는 종종 그들 행위의 영혼으로서 그대를 예감하오!

그대는 드높은 의미, 충직한 믿음

모든 것이 몰락한다 해도 결코 흔들리지 않을 신성이라오.

(GW 1, S. 399-402)

1.2 종교, 하나의 종교를 개창한다(1797/98)

— 종교란 신성(神性)에 대한 자유로운 경배이다 …. 파악함은 곧 지
배함이다. 객관을 소생케 한다는 것은 곧 그것을 신들로 만드는 일이
다. 시냇물이 낙하 법칙에 따라 보다 낮은 곳으로 흘러가지 않으면 안
되고, 강바닥과 둑에 의해서 제한되고 압력을 받는 것을 관찰한다는
것은 곧 그것을 파악함을 이른다. 시냇물에게 자신과 동일한 몫의 영
혼을 부여하고 그것을 사랑한다는 것>2은 — 곧 그것을 신으로 만든
다는 것을 뜻한다 ….

  실용적 활동은 객관을 부정하며 전적으로 주관적이다 — 오직 사
랑 안에서만 우리는 객관과 하나이다. 객관은 지배하지도 않고 지배
되지도 않는다. 상상력을 존재로 만드는 이 사랑은 신성이며, (신에
서) 분리된 인간은 그러기에 이 신성에 대한 경외와 존경심을 가진다
— (이러한 인간은) 자기안에 신성을 약간 가지고 있다; ….

  예전에는 신들이 인간들 가운데에서 배회했다. 분리, 경원이 증가
하면 할수록, 그만큼 신들도 인간으로부터 분리되고, 신들은 그 대신
희생, 향기, 예배를 얻었으며, — 훨씬 두려움의 대상으로 되었다 ….
사랑이란 오직 동일한 것, 거울, 우리 존재의 메아리에 대해서만 일어

>2 '그것을 사랑한다는 것'(ihn lieben)이란 얌메(Ch. Jamme)가 전해 준 필적 판단
  에 따라 보완된 것이다(Jamme, Chr. u. Schneider, H., Der Weg zum System.
  Materialien zum jungen Hegel, Frankfurt a. M. 1990, S. 28).

날 수 있다.

(WW 1, S. 240-243)

1.3 독일 관념론의 최초의 체계 계획(1796 혹은 1797)

─ 하나의 윤리학. 전체 형이상학이 미래에는 도덕으로 귀일하기 때문에 …, 이 윤리학은 다름 아닌 모든 이념, 혹은 같은 말이지만, 모든 실천적 요청의 완벽한 체계가 될 것이다. 최초의 이념은 물론 절대적으로 자유로운 존재로서의 나 자신에 관한 표상이다. 자의식적인, 자유로운 본질과 더불어 동시에 전체적 세계 ─ 무(無)로부터 ─ 가 나타나며, 이는 유일하게 참되고 회상 가능한, 무로부터의 창조이다. ─ 여기서 나는 자연학의 분야를 넘어서게 된다. 여기서 제기되는 물음은 어떻게 도덕적 존재를 위한 하나의 세계가 창조될 수밖에 없는가 하는 것이다. 나는 서서히, 실험에 의지하여 어렵사리 진보하는 우리의 자연학에 다시 한 번 날개를 달아 주고 싶다.

그래서 철학이 이념을, 경험이 자료를 제시할 때 우리는 결국 내가 후세에 기대하는 거대한 규모의 자연학을 획득할 수 있다. 지금의 자연학은 우리의 것이거나 혹은 그래야만 하는 창조적인 정신을 만족시킬 수 있지는 못한 것으로 보인다.

나는 자연으로부터 인간의 작품으로 옮아간다. 먼저 인류의 이념에 관하여, 국가란 기계적인 무엇이므로 국가에 관한 이념이란 존재하지 않는다는 것을 보여 주고자 한다. 이는 마치 기계에 관한 이념이 존재하지 않음과도 같다. 오직 자유의 대상인 것만이 이념을 뜻한다. 그러므로 우리는 국가를 뛰어넘지 않으면 안 된다! ─ 모든 국가는 자유로운 인간을 기계적인 톱니바퀴 장치로 취급하지 않을 수 없기 때문이다. 국가는 그래서는 안 된다, 즉 국가는 (그러한 행위를) 중단해야 한다. 여러분은 스스로 여기서 영원한 평화를 운운하는 것에 관한 이념이 모두 보다 높은 이념에 종속된 이념일 뿐임을 알고 있다. 동시에 나는 여기서 인류의 역사에 대한 원리를 그만두고 국가, 헌법, 정부, 입법과 같은 아주 비참한 인간 작품을 속속들이 파헤치고자 한다. 결국은 도덕적 세계, 신성(神性), 불멸성, ― 이성 자체에 의한 모든 미신의 타파, 요즘 이성을 가장하는 성직의 추방 등에 관한 이념에 이른다 ― 자기 안에 지성적 세계를 담지하고 신(神)도, 불멸성도 자기의 밖에서 추구해서는 안 되는 모든 정신들의 절대적 자유.

최종적으로 모든 것을 합일시키는 이념은 고도의 플라톤적인 의미에서 취해진 말로써 미의 이념이다. 이제 나는 모든 이념을 포괄하는 이성의 최고 작용은 미적 작용이라는 것, 진과 선은 오직 미 가운데서 밀접하게 연관된다는 사실을 확신한다. 철학자는 시인처럼 미적인 힘을 소유하지 않으면 안 된다. 우리의 형식적인 철학자들은 미적 감각이 없는 사람들이다. 정신 철학은 일종의 미적 철학이다. 우리는 미적인 감각이 없이는 아무것에서도 정신적으로 풍요로울 수 없고, 심지어 역사에 관해서 조차도 정신적으로 풍요롭게 추리할 수 없다. 여기서 어떤 이념도 이해하지 못하는 사람들에게 도대체 무엇이 결여되어 있는지가 분명해지며, 진정으로 그들에게는 목록표와 색인표를 넘어서자마자 모든 것이 어둠에 휩싸이게 된다는 것을 충분히 시인하게 된다.

이를 통해서 시는 최고의 가치를 얻게 되며, 종국에 가서는 다시금 시초에 가졌던 인류의 교사라는 지위를 얻게 된다. 그 이유는 더 이상 아무런 철학도, 아무런 역사도 존재하지 않으며, 시예술 만이 모든 여타의 학문과 예술을 넘어서 살아 남을 것이기 때문이다.

동시에 우리는 종종 평민은 감성적 종교를 가지지 않으면 안 된다고 말하는 것을 듣게 된다. 평민뿐만이 아니라 철학자도 감성적 종교가 필요하다. 이성과 가슴의 유일신론(唯一神論), 상상력과 예술의 다신론, 이런 것들이 우리가 필요로 하는 것이다.

우선 여기에 내가 아는 한에서, 아직 어떠한 인간도 의미를 파악하지 못한 어떤 이념에 관하여 말하고자 한다 ─ 우리는 새로운 신화를 가지지 않으면 안 되는데, 그러나 이 신화는 이념에 봉사해야 할 것이며, 이성의 신화가 되고야 말 것이다.

우리가 이념을 미적으로(감성적으로), 즉 신화적으로 만들기 이전에는 이념은 민족에게 아무런 관심도 없다. 반대로, 신화가 이성적이기 이전에는 철학자는 신화에 부끄러워했음이 틀림없다. 그래서 결국 계몽된 자와 계몽되지 않은 자는 악수해야만 하며, 신화는 철학적으로 되고 민족은 이성적으로 되어야만 하는가 하면, 철학은 철학자를 감성적으로 만들기 위하여 신화적으로 되어야만 한다. 그렇게 되면 우리들 가운데는 영원한 통일이 지배하게 된다. 더 이상 멸시하는 시각도 없게 되고, 현인들과 성직자 앞에서 맹목적으로 떠는 민족도 없게 될 것이다. 그러면 비로소 모든 힘, 즉 개인과 모든 개인의 평등한 도야(陶冶)가 우리를 기다리게 된다. 어떠한 힘도 더 이상 압박받

지 않을 것이다. 그러면 보편적 자유와 정신의 평등이 지배하게 된
다! — 하늘에서 보낸 보다 드높은 정신은 이 새로운 종교를 우리 가
운데 개창하고야 말 것이고, 이 종교는 인류 최후의 위대한 작품일 것
이다.

(WW 1, S. 233-235)

1.4 신의 왕국으로서의 공동체(교회 — 대략 1798)

인간 안에 있는 신적인 것의 전개란 인간이 신성한 정신으로 충만되어 신과 맺는 관계이다. 이 관계란 신의 아들이 되는 것이고 자신의 전체 존재와 성격 그리고 그 전개된 다양성의 조화 안에 사는 것이다. 그리고 이 조화란, 그 안에서 단지 그의 다면적인 의식이 하나의 정신 안에, 수많은 삶의 형태들이 하나의 삶 안에서 일치하는 것만이 아니라, 그것에 의해서 다른 신적 존재에 저항하는 칸막이 벽들이 지양되고 생동하는 그 동일한 정신이 상이한 존재들에 혼을 불어넣는 것, 말하자면 단지 더 이상 동일한 것이 아니라 하나가 되는 것, 회합이 아니라 단체(Gemeine)>3를 이루는 것을 말한다. 그 이유는 그러한 상이한 존재들은 하나의 보편, 하나의 개념 안에서 믿는 자로서가 아니라 삶을 통해서, 사랑을 통해서 합일되는 것이기 때문이다 — 인간들의 이러한 생동하는 조화, 신 안에서의 그들의 공동체를 예수는 신의 왕국이라 불렀다 …. 신의 왕국이라는 이러한 이념은 예수가 설정했듯이, 종교 전체를 완성하고 포괄한다. 그리고 이 이념이 자연을 완전히 만족시키는지, 혹은 어떠한 욕구가 그의 자녀들을 그다음의 어떤 것으로 이끌었는지 등은 아직 더 고찰되어야 한다. 신의 영역에서 공동체적인 것이란 모두가 신 안에서 살아간다는 것이며, 그것은 어떤 개

>3   ˙Gemeinde의 옛 형태.

넘 안에서의 공동체적인 것이 아니라 사랑이고, 신앙하는 사람들을 합일시키는 살아 있는 유대인가 하면, 삶이 하나임을 이렇게 느끼는 것이다. 그리고 이 하나 안에서는 모든 대립, 그러한 적대감, 그리고 기존하는 대립의 합일, ─ 한마디로 올바른 것이 지양되어 있다. 예수는 다음과 같이 말한다: 내가 너희에게 서로 사랑하고, 너희들이 모두 나의 자녀임을 인정해야 한다는 새로운 계명(Gebot)을 부여하노라. 반성을 위한 본질과 정신이라 언급된 이 영혼의 우정은 신적 정신, 즉 공동체를 통치하는 신이다. 사랑으로 서로 관계를 맺고 있는 인간들이 모인 한 민족보다 더 아름다운 이념이 또 있을까?

(WW 1, S. 393f.)

1.5 인간에 내주(內住)하는 신(1798)

인간 자신이 의지를 가지고 있다면, 그는 신에 대해서 단순히 수동적인 존재와는 전혀 다른 관계를 맺는다. 서로 무관한 두 의지, 두 실체란 존재하지 않는다. 그러므로 신과 인간은 하나로 존재함이 틀림없다. 그러나 인간은 아들이고 신은 아버지다. 인간은 자립적이거나 자기 자신의 기반 위에 존립하지 않는다. 그는 오직 대립하는, 즉 일종의 변형인 한에서만 존재하며, 그러므로 아버지도 그의 안에 존재하는 것이다. 이 아들 안에는 또한 그의 자녀들도 있다. 이 자녀들도 그와 하나다. 이는 일종의 현실적인 초실체화, 아들 안에 아버지가 실제로 내주함, 그의 제자 안에 아들이 내주함이다 …. 이는 마치 포도나무와 포도 덩굴의 관계와도 같으며, 그 안에 있는 신성의 생동하는 생명이다. ─ 예수는 아들에 대한 이러한 신앙, 인간 아들에 대한 신앙을 요구했다. ─ 아버지가 아들 안에 산다는 것, 그리고 그를 믿는 사람 안에는 또한 그와 아버지가 산다. 이 신앙은 수동성의 객관성에 직접적으로 대립하며, 자신에게 신과 그리스도가 내주함을 지어내거나 느끼고자 하는 몽상가의 수동성과는 구분된다. 이 몽상가는 여기서 자기와 자기 안에서 통치하는 이 존재를 구분함으로써, 말하자면 다시금 일종의 객관에 의해서 지배당하는 것이다. … 그래서 사상은 생동하는 신이 아니게 된다. 신을 인간의 단순한 스승으로 만드는 것은 세계, 자연, 인간으로부터 신성(神聖)을 받아들이는 것을 뜻한다. ─

예수는 스스로를 구세주라 불렀다. 그는 인간 아들(ein Menschen-sohn)이며 그 이외의 아무것일 수도 없었다. 자연을 불신하는 자만이 다른 것, 즉 초자연적인 것을 기대할 수 있을 것이다. ― 초자연적인 것은 오직 자연적인 것 가운데서만 존재한다. 분리된 것이기는 하지만 전체는 언제나 현존함에 틀림이 없겠기 때문이다. ― 신은 곧 사랑이고, 사랑은 곧 신이다. 사랑 이외에는 어떠한 신성도 있을 수 없다 ― 오직 신적이지 않은 것, 사랑하지 않는 것만이 신성을 이념 속에, 자기 밖에 가지는 법이다. 신은 예수 안에 있었다는 것, 신은 인간 안에 산다는 것을 믿을 수 없는 사람은 인간을 멸시한다. 사랑이 살고 있고, 신이 인간들 가운데 살고 있을 때, 신들이 존재할 수 있는 법이다.

(WW 1, S. 304)

1.6 예배(1802/03)

로젠크란츠에 의하면, 헤겔은 자연법 강의(예나 1802/3)의 마지막 부분에서 '종교적 예배의 개념을 그 단순성과 명료성에 의해서 표현된 방식으로 …' 풀어냈다. (슐라이어마허와 같이) 종교를 정신적인 것의 '노련성' >4이라 생각한다면, "정신을 정신의 형태로 현상하도록 하는 일은 진지하게 여겨지지 않을 것이다. 이에 반해서 종교의 본질이란 정신이 자신의 개체 중의 무엇에 대해서도 꺼려하지 않고 무엇이 나타나는 것도 싫어하지 않는 것이다 … 그러나 주관성의 지양(止揚)이란 주관성의 순전한 부정이라기 보다는 단지 그 경험적 개별성의 부정과 이를 통해 절대적 존재의 절대적 향유를 위한 순화인 것이다 … 그러므로 질료상으로 볼 때 종교에 앞서는 지식이란 특수한 그 무엇도 미리 가지지 않는다. 종교의 본질은 경험적 존재의 외연을 가진 정신을 최고의 지향점으로 압축시켜서 그것을 사유와 직관에게 객관적으로 드러낸다 … 그리하여 정신이 개체 안에 있는 자기를, 개체가 정신 안에 있는 자기를 인식하도록 한다 … 말하자면 종교는 그것이 종교인 한에서 학문과 예술을 자기로부터 배제하기 때문에, 종교란 예술과 학문의 보완으로서 일종의 행위이며, 주관성과 자유를 그 최고의 향유로 고양시키는 예배이기도 하다. 이 예배는 신에 대한 봉사로서 위

>4 아래의 보고는 로젠크란츠에 의한 것이다. 헤겔의 원본은 망실되었다.

대한 정신에서 개별성의 한 부분을 희생시키고, 이 희생을 통해서 여타의 본래적인 것을 자유롭도록 하는 것이다. 희생된 것 속에 있는 개별성을 실제로 부정함으로써 주관은 그의 고양됨이 단지 사상 안에서만 이루어진다는 기만의 일면성에 대항하여 스스로를 구출한다. 이 행위, 인간의 가사(可死)적이면서도 유용한 행위에 대한 아이러니는 곧 종교의 근본 이념인 화해이다. … 생명과 친근해지는 것은 곧 신들과의 대화이며, 그들과의 상호적인 주고받음이다. … 이 아름다운 신들의 세계는 그것에 생기를 불어넣어 주는 정신과 함께 몰락하지 않을 수 없으며 단지 기억으로서만 남을 수 있을 뿐이다. 정신과 그 실정성(實定性)의 통일은 분열되고야 말며 … 더럽혀진 주검으로서의 … 자연으로 남게 된다. 정신은 생동하는 자연의 품안에 있는 자신의 보금자리를 떠나지 않으면 안 된다. … 영기적 이성이 자연이기를 멈춘 세계 안에 다시 깨어나 현상하는 최초의 무대는 현존의 전체 과정에서 민족 가운데 가장 배척받았던 민족임이 틀림이 없다. 그 이유는 그러한 민족의 고통이 가장 깊었을 것이며, 그 민족의 발언은 전 세계에 이해를 받는 진리를 가졌을 것이기 때문이다.

그리스도는 가장 내면적인 심연으로부터 우러나오는 자신의 전(全) 생애의 수난을 표출했고, 자신 안에 간직했던 화해의 절대적 확신, 정신의 신성한 힘을 그 위로 높였으며 자신의 확신으로 타인의 확신을 일깨움으로써 한 종교의 창건자가 되었다. … 이러한 인간 안에서 세계는 다시금 정신과 화해했던 것이다 ….

신적인 것은 삶의 공동성 안으로 침투했으며, 신적인 것은 스스로 사멸했다. 신 자신이 지상에서 죽었다는 사상은 단지 이러한 무한한 고통의 감정만을 말해 준다. 마찬가지로 이는 그가 무덤에서 부활했다는 그의 화해도 말해 준다. 그의 삶과 죽음을 통해서 신은 낮아졌고, 그의 부활에 의해서 인간은 신격화되었다. 저 무한한 고통과 이 영원한 화해는 이 종교로 하여금 개별자의 우연적이고 경험적인 현존에 얽매이지 않도록 했다. 그것은 예배로 이루어져 있다 ….

　이는 완벽한 지혜를 갖춘 기독교에서 있어난 일이었다. 인간은 기획된 상태들의 무한한 총합에 의해서 신적 죽음과 모든 생명이 절멸하는 고통으로 이끌려가며, 이 죽음으로부터 다시 신인(神人)과 더불어 하나가 되는데, 이 하나됨 속에서 성(姓)은 화해하고 신인의 육신을 먹고 그의 피를 마심으로써 가장 내면적인 양식의 합일이 깨어나고 성화(聖化)된다. 신의 역사는 성(姓)의 이 전체 역사를 관통하는 각 개별자와 전체 성(姓)의 역사이다. 다시 오염된 인간으로부터 다시 깨어난 생명의 성전(聖殿)인 전체 자연도 다시 성화된다. 만물에게는 새로운 신성이 주어진다 … 모든 개별적인 행위와 최고의 행위와 최하의 행위를 하는 모든 것들에게는 이 새로운 것에 의해 그들이 상실했던 신성이 주어진다 — 만물 위에 얹혀진 옛 저주는 해소되며, 전체 자연은 은총을 입고 그 고통은 화해된다 …."

(K. Rosenkranz, *Hegels Leben*, Berlin 1844,
Nachdruck Darmstadt 1988, S. 134-139)

1.7 정신 현상학(1806)에서 발췌

존재하는 모든 것의 의미는 그것을 하늘에 연결시켜 주었던 빛줄기에
있었다. 이 빛줄기에서 섬광은 이 현재에 머무르는 대신 이러한 현재
를 넘어서서 신적 존재, 즉 이렇게 말할 수 있다면, 피안(彼岸)적 현재
로 올라간다. 정신의 눈은 반드시 현세적인 것을 지향하여 그것에 속
박될 수밖에 없다. 그리고 오랫동안 초현세적인 것만이 가졌던 명료
성을 차안(此岸)적인 것의 의미가 담지했던 공허성과 착종성에 적응
시키고자 애쓰고, 경험이라 불리었던 현재적인 것 자체에 주의를 기울
이는 일에 관심을 갖고 타당성을 부여하는 일이 필요했다. — 그런데
이제는 정반대의 필요성이 생기게 된 것으로 보이는데, 의미는 그렇
게 현세적인 것 속에 확고하게 뿌리박고 있어서, 그 의미를 현세적인
것을 넘어서 고양시킬 권능을 필요로 하는 것이다. 정신은 너무나도
가련하게 나타나서 정신이 마치 사막 가운데서 방황하는 사람이 단순
히 물을 마시고자 하듯이, 단지 신적인 것 일반에 대한 결핍된 감정에
따라서 자신의 청량제를 구하고 있는 듯이 보일 정도이다. 정신을 만
족시키는 이러한 것에서 정신의 상실의 크기를 가늠할 수 있다 ….

　죽음은 … 가장 무서운 것이다. 그리고 죽은 것을 확고하게 유지
한다는 것은 가장 커다란 힘을 필요로 한다. 무기력한 아름다움은 오
성을 증오하는 법이니, 오성은 이 아름다움이 해낼 수 없는 것을 요구
하기 때문이다. 그러나 죽음을 두려워하고 파멸로부터 그저 자신을

보존하는 것이 아니라 죽음을 감내해 내고 그 안에서 자신을 유지하는 것이 곧 정신의 생명이다. 정신은 오직 그가 절대적 파멸성 가운데서 스스로를 발견함으로써만이 자신의 진리를 획득한다. 정신은 부정적인 것을 무시하는 긍정적인 것으로서 이 힘을 가지는 것이 아니라 …, 이 부정적인 것을 안중에 두고 그것을 견디어 냄으로써만 그러한 것이다. 이러한 부정적인 것 가운데 머무름이 곧 부정적인 것을 존재로 전화시키는 마력인 것이다.

(*Phänomenologie des Geistes*, Meinerverlag Hamburg,
1952, Bd. 114, S. 14, 29f.)

1.8 정신 현상학의 마지막

목표, 절대지(絶對知), 혹은 스스로를 정신으로 아는 정신은 자기 스스로에 있어서 존재하며 그 영역의 조직화를 실행하는 그대로 정신의 회상을 자신의 길로 삼는다. 우연성의 형식 가운데 자유스럽게 현상하는 현존의 측면에 따라 이 회상을 보존하는 것이 곧 역사이지만, 그 개념적 조직화의 측면에 따른 것이 현상하는 지식(知識)의 학이다. 양자를 합치면 개념적 역사가 되며, 이는 절대 정신의 회상이요, 형장(刑場)이자 그의 왕좌의 현실, 진리, 확신을 이룬다. 이 왕좌가 없었더라면 절대 정신은 활기 없이 고독했을지도 모른다. 오직

　　이 정신 영역의 술잔으로부터

　　그에게는 자신의 무한성만이 거품으로 흘러 넘칠 것이니.

(Phänomenologie des Geistes, Meinerverlag Hamburg,
1952, Bd. 114, S. 564)

1.9 논리의 학(1812-16)에서 발췌

논리학은 … 순수한 이성의 체계로, 순수한 사상의 영역으로 파악될
수 있다. 이 영역은 아무런 덮개도 없이 즉자대자(卽自對自)적으로 존재하
는 그대로의 진리이다. 그러므로 논리학의 내용은 자연과 유한한 정신의
창조 이전에 그 영원한 본질에 있어서 존재하는 그대로의 신의 서술이라
나타낼 수 있다.

(WW 5, S. 44)

A. 존재

존재, 순수한 존재, — 그 이상 아무런 규정도 가지지 않은. 자신의 무
규정적 직접성에 있어서 존재는 단지 자기 자신과 동일하고 타자와
부등(不等)하지 않으며, 자신의 내부나 외부에 아무런 상이성도 가지
지 않는다. 그 안에 타자와 구별되거나 아니면 구별되는 것으로 정립
된 그 어떤 규정이나 내용이 있다면 존재는 자신의 순수성 안에 확고
하게 존재하지 못할 것이다. 그것은 순수한 무규정성이며 공허함이
다. 만일 여기서 직관에 관하여 언급될 수 있다면, 이 존재 안에서 직
관될 수 있는 아무 것도 존재할 수 없다. 혹은 존재는 단지 이 순수하
고 공허한 직관 자체일 뿐이다. 존재 가운데는 사유될 수 있는 것이라
곤 아무것도 없고, 존재하는 것이라곤 오직 이 공허한 사유뿐이다. 존

재, 무규정적인 직접적인 것이란 사실은 무(無)이며, 무 그 이상도 이하도 아니다.

B. 무

무, 순수한 무. 이는 자기 자신과의 단순한 동등성이며 완전한 공허성, 무규정성, 무내용성이다. 그리고 자기 자신에 있어서의 무구별성이다. ― 여기서 직관이나 사유가 고려될 수 있다면, 어떤 것 혹은 무가 직관되거나 혹은 사유된다는 구별이 중요하다. 말하자면 무를 직관하거나 사유하는 것이 어떤 의미를 가진다. 즉 양자는 어떻든 구별되는 것이며, 그래서 무는 우리의 직관이나 사유 가운데 존재(실존)한다. 혹은 무란 오히려 공허한 직관이나 사유 자체이며, 이러한 공허한 직관이나 사유란 다름 아닌 순수한 존재이다. ― 그러므로 무란 존재와 동일한 규정 혹은 오히려 무규정성이며 이로써 도대체 순수한 존재인 바의 것과 동일한 것이다.

C. 생성

a. 존재와 무의 통일

순수한 존재와 순수한 무는 말하자면 동일한 것이다. 진리인 것은 존재도 무도 아닌 무 속의 존재, 존재 속의 무이다. ― 이행 과정이 아니라 이행된 것이다. 그러나 마찬가지로 진리는 그들의 무구별성이 아니라 존재와 무는 동일한 것이 아니고, 절대적으로 구별되면서도 마찬가지로 분리되지도, 분리될 수도 없으며, 직접적으로 각자는 자신의 상대방 안

에서 소멸된다. 그것들의 진리는 말하자면 일자가 타자 속에서 직접적
으로 소멸해 가는 운동, 즉 생성이다. 이 운동 가운데서 양자는 서로
구별되면서도 스스로를 직접적으로 해소시키는 구별이기도 하다.

(WW 5, S. 82f.)

1.10 철학 백과(1830)에서 발췌

가장 아름다운 순수성과 숭고성 가운데 있는 … 일자(一者)의 의식을
보고자 한다면, 모하메드교인들을 살펴보면 된다. 예컨대 탁월한 드셸
라레딘 루미(Dschelaleddin Rumi)에서 특히 일자와 영혼의 통일, 또한
사랑으로서의 통일이 뚜렷이 드러난다면, 이 정신적인 통일이란 유한
한 것과 보통의 것을 넘어선 고양(高揚), 자연적인 것과 정신적인 것의
변용(變容)이다. 이 변용 안에서 바로 외적인 것, 직접적 자연적인 것
과 경험적, 세속적 정신적인 것의 무상함이 분리되고 소진된다. …

물론 죽음은 고난에 찬 삶을 종식시키지만,

삶은 죽음 앞에 전율한다.

그리하여 사랑 앞에서 가슴 역시 전율한다,

마치 죽음이 엄습하기라도 하듯이.

왜냐하면 사랑이 눈뜨는 곳에서,

암울한 폭군인 자아가 사멸하기 때문이다.

그대는 이 폭군이 밤에 죽도록 하여라

그리고 아침 햇살에 자유롭게 숨쉬어라!

(*Enzyklopädie*, Meinerverlag Hamburg 1959, Bd. 33, S. 456-458)

1.11 정신과 공통체(대략 1821)

철학적 개념으로 볼 때 신은 곧 구체적인 정신이다. 그리고 신이란 무엇인지를 자세히 묻는다면 정신의 근본 개념은 그것을 전개한 것이 전체 종교론이 되는 그러한 개념이다. 임의적으로 우리 의식에게 정신이 무엇인지를 묻는다면 정신이란 곧 자기를 계시하고 정신에 대하여 존재하는 그것이다. 정신이란 정신에 대하여 존재한다. 말하자면 외적인, 우연적인 방식으로만 그러한 것이 아니라 정신이란 정신에 대하여 존재하는 한에서만 정신이다. 이것이 바로 정신 자체의 개념을 이룬다. 혹은 이를 더욱 신학적으로 나타낸다면, 신의 정신은 본질적으로 자신의 공동체 안에 존재한다고 말할 수 있다. 신은 오직 자신의 공동체 안에 있을 때에만 정신이다.

(*Philosophie der Religion*, Meinerverlag Hamburg 1974,
Bd. 59, S. 51f.)

1.12 인간(1821 이후)

인간적인 것이란 모든 행위를 넘어서 확산되는 섬세한 향기이다. 그 밖에 인간은 그러한 단순한 생동성의 내용만이 아니라 동시에 무한한 범위의 보다 드높은 표현과 활동 그리고 목적을 가진다. 그 내용은 곧 무한한 것, 보편적인 것이다 ··· 정신론에서 원래 문제가 되는 것은 인간의 유기체, 즉 인간의 형태를 정신에 대하여 유일하게 참되고 적합한 것으로 인식하는 일이다. 그러나 정신론은 이러한 관점에서는 그리 많이 연구되지 못했다. ···

··· 그 가운데서 감각적인 것이 정신적인 것을 표현하는 형태란 단적으로 인간의 형태이다. 그것은 감각적 현존을 가지는 정신의 형태이다. 정신적인 것의 육체화로 존재하는 그 밖에 다른 육체적인 형태란 존재하지 않을 것이다 ··· .

인식, 즉 지식이란 이 양면적이고 위험한 선물, 즉 정신은 자유롭다는 사실이다. 이 자유에게 선과 악이 내맡겨져 있다 ···.

(*Philosophie der Religion*, Meinerverlag Hamburg 1974,
Bd. 61, S. 121, 146f., 86)

1.13 가슴의 사유로서의 종교(1821 이후)

인간만이 종교를 가진다는 사실은 심각하게 깊이 생각하지 않으면 안
된다. 종교는 사유 안에 그 안주(安住)와 토대를 가진다. 직접적으로
종교의 진리를 받아들이는 마음과 느낌은 사유하는 마음이며 느낌이
다. 그것은 동물이 아닌 사유하는 인간의 마음이며 느낌이다. 그리고
이 마음과 느낌 안에서 종교에 속하는 것은 이 마음과 느낌의 사유이
다 ….

　해석적 혹은 수동적 태도를 취하는 많은 신학자들은 그들이 그렇
게 하여 반성하는 활동을 한다는 사실을 전혀 알지 못한다. 다만 사유
가 우연적인 사유라면, 이 사유는 유한한 내용과 유한성, 유한한 사유
의 범주를 방임하게 되며, 그 내용 속에 들어 있는 신적인 것을 파악
할 능력이 없다. 그러한 범주 안에서 계속적으로 움직이는 것은 신적
인 정신이 아니라 유한한 정신이다 …. 이러한 절대적 내용의 유한한
사유로 인하여 기독교의 근본 교리가 교의 체계로부터 대부분 사라져
버리게 되는 사건이 일어났던 것이다. 지금 본질적으로 정통적인 것
은 유일하지는 않지만 특히 철학이다. 언제나 타당한 것으로 여겨져
온 명제들, 기독교의 근본 진리는 철학에 의해서 유지되고 보존된다.

(*Philosophie der Religion*, Meinerverlag Hamburg 1974,
Bd. 63, S. 23, 26f.)

1.14 그리스도(1822 이후)

… 가장 심오한 사상은 그리스도의 형상, 역사적인 것 그리고 외적인 것과 합치되어 있다. 그리고 이 모든 심연에서 손쉽게 의식의 외적인 시각에 의해 파악될 수 있으며 동시에 심오한 통찰을 요구하는 것이 바로 기독교의 위대함이다. 기독교는 도야(陶冶)의 각 단계에 대하여 그러하고 동시에 최고의 요구를 만족시킨다 …. 공동체는 그리스도의 영역이며, 그 활동하는 현재적 정신이 곧 그리스도이다. 그 이유는 이 영역이 단순히 미래적인 것이 아니라 현실적 현재이기 때문이다.

(*Philosophie der Weltgeschichte*,
Meinerverlag Hamburg 1988, Bd. 171 b–d, S. 743)

인간으로 표상된 그리스도는 이집트적인 것과는 전혀 다른 수수께끼이다. 이집트적 수수께끼는 인간의 얼굴을 하고 있는 동물의 몸이다, — 그러나 그리스도의 인간 육신은 신으로부터 나온 것이다.

(WW 11, S. 560)

1.15 사물의 내면적 본질을 회복한다(1820 이후)

사물에 대한 이론적 고찰은 사물을 개별성으로 쪼개어 그 개별성에
의해 스스로를 감각적으로 만족시키고 자기를 보존하려는 관심이 아
니라 사물을 그 보편성으로 인식하고 그 내면적 본질과 법칙을 발견
하며 사물을 그 개념에 따라 파악하려는 관심을 가진다. 그러므로 이
론적 관심은 개별적인 사물을 그대로 내버려 두도록 하고 감각적으로
개별적인 것으로서의 사물 앞에서 후퇴한다. 이 감각적인 개별성은
지성의 고찰이 추구하는 것이 아니기 때문이다. 이성적인 지능은 욕
망과 같은 개별적 주관 자체가 아니라, 동시에 그 자체로 보편적인 것
으로서의 개별자에 속하기 때문이다. 인간은 이 보편성에 따라 사물
과 관계를 맺음으로써 자연 가운데서 자기 스스로를 발견하고 이를
통해서 사물의 내적인 본질을 다시금 산출하고자 하는 그의 보편적
이성인 것이다 ….

(WW 13, S. 59)

… 인식 가운데 변화의 신적 원리가 들어 있다 … 인식은 상처를 내고
또 그것을 치유한다 ….

(*Philosophie der Religion*. Meinerverlag Hamburg 1974,
Nd. 63, S. 105)

1.16 괴테의 의미심장한 직관(1820 이후)

… 자연 속에 들어 있는 아름다움의 고찰 방식으로서 우리는 … 자연 형성물의 의미심장한(sinnvolle) 직관을 가진다. 'Sinn'이란 말하자면 그 자체로 두 가지 상반된 의미로 사용되는 놀라운 말이다. 먼저 이 말은 직접적 파악의 감관을 나타내지만, 다음으로는 사태의 의미, 사상, 보편을 뜻한다. 그래서 'Sinn'은 한편으로 존재(실존)의 직접적 표출에, 다른 한편으로는 존재(실존)의 내면적 본질에 관계한다. 그런데 의미심장한 고찰이란 이 두 측면을 분리시키는 것이 아니라, 그 하나의 방향에 상반된 측면도 포함하며, 감각적으로 직접적인 직관 가운데서 동시에 본질과 개념을 파악한다. 그러나 이 고찰은 바로 이러한 규정들을 자기 안에 있는 아직 분리되지 않은 통일 가운데 담지하기 때문에 개념을 그 자체로 의식 안으로 가지고 들어오는 것이 아니라, 개념에 관한 피상적 앎의 수준에 머무른다. 예컨대 광물의 영역, 식물의 영역, 동물의 영역이라는 세 자연 영역이 확인되면 우리는 이러한 단계 계열에서 일종의 외적인 합목적성에 대한 단순한 표상에 머무르지 않고 개념에 합치되는 분절의 내적 필연성을 어렴풋이 알게 된다. 이러한 영역들의 내부에 있는 형성물들의 다양성에 있어서도 감각적인 관조는 상이한 산맥들의 형성 내지 식물종들의 계열, 동물종들의 계열에서 이성에 합치되는 진보를 어렴풋이 알게 된다. 이와 유사하게 개별적인 동물 유기체, 즉 머리, 가슴, 하체와 사지 등의 분

절을 가진 이 곤충은 그 자체로 이성적인 분절로 직관되며, 이러한 것들이 처음에는 우연적 다수성으로 나타날 수 있지만 그럼에도 불구하고 동시에 오관(五官) 안에서 개념에 대한 적합성이 발견된다. 이러한 양식을 취하고 있는 것이 자연과 그 현상들의 내면적 이성성에 대한 괴테의 관조와 서술이다. 괴테는 위대한 감각을 가지고 소박하게 감각적 고찰로써 대상들에 접근했으며 동시에 그 개념에 합치되는 연관성에 대한 충실한 앎을 소유했다. 역사도 개별적인 사건과 개인에 의해서 그 본질적인 의미와 그 필연적인 연관성이 내밀하게 비추어진다고 파악되고 언급될 수 있다.

(WW 13, S. 173 f.)

1.17 그리스인의 건축 속에 있는 비밀의 율동(1820 이후)

그럴 때에 그 참된 척도와 법칙 안에는 부담함과 부담됨의 기계적 관계가 동시에 포함되어 있음이 틀림없다. 예컨대 무거운 건축 자재를 가늘고 우아한 기둥에 걸치면 안 된다. 혹은 반대로 끝머리에 단지 아주 가벼운 것을 기대어 놓기 위해서 커다란 설비물을 만들어서는 안 된다. 이러한 모든 관계에, 건물의 넓이와 길이, 높이의 관계, 기둥의 높이와 그 굵기의 관계, 기둥의 간격과 숫자, 장식물의 양식과 다양성 혹은 단조로움, 수많은 작업 공정과 감침질의 규모 등등의 관계에서는 고대인들에게 있어서의 비밀의 율동이 지배한다. 이 율동은 특히 그리스인들의 올바른 감관이 발견해 냈으며, 이들은 율동에 관하여 그들은 개별물에서는 재삼재사 편차를 나타냈지만 전체적으로는 아름다움을 벗어나지 않도록 근본 관계를 유지하고 있음이 틀림없다.

(WW 14, S. 306)

1.18 살색(1820 이후)

그러나 … 채색에서 가장 어려운 것, 동시에 이상적인 것, 색채의 정점은 살색, 인간 살갗의 색조이다. 이 색조는 어느 하나의 색채를 고립적으로 드러내지 않고도 다른 모든 색채를 놀랍게 자기 안에서 합일시킨다. 젊고도 건강한 뺨의 붉은색은 청색, 보라색 혹은 노란색의 주름이 잡히지 않은 순수한 연지색이기는 하지만, 이 붉은색은 그 자체로 다만 어떤 징후나 혹은 오히려 내면으로부터 솟구쳐 나오는 듯이 보이면서, 모르는 사이에 기타의 살색으로 사라져 버리는 연한 빛깔이다. 그러나 이 살색은 모든 주요색의 관념적인 뒤섞임이다. 피부의 투명한 노란색에 의해서 동맥의 빨강, 정맥의 파랑이 비치고, 명암과 여타의 다양한 나타남과 반사에 다시 회색의, 연갈색의, 심지어 초록의 톤이 첨가된다. 이 톤은 첫눈에 가장 부자연스럽게 보일 수 있고 그 올바름과 참된 효과를 가질 수 있다. 그럴 때 이 나타남들의 상호 뒤섞임은 전혀 광채가 나지 않는다. 즉 그것에 있어서의 다른 것의 나타남이란 드러나지 않고, 내면으로부터 혼이 불어넣어지고 생기가 난다. 이처럼 특히 내면으로부터 뚫고 나온 나타남은 표현하기에 가장 커다란 어려움을 가진다. 이는 저녁 노을 가운데 있는 호수에 비견된다. 여기서 호수가 비추는 형태와 동시에 호수물의 맑은 깊이 그리고 물의 본래성을 보게 된다. 이에 반해서 금속의 광택은 빛을 내고 반사하며, 보석은 투명하게 빛나기는 하지만 살갗이나 대양, 반짝이는 견

직물 등등의 색깔은 뚫고 나오는 드러남의 상호 뒤섞임이 없다. 동물의 피부, 털이나 깃털, 양털 등등은 같은 방식으로 가장 다양한 양식의 채색을 가진다. 그러나 일정한 부분에는 직접적, 자립적 색채를 가진다. 그리하여 여기서의 다양성은 살갗에 있어서의 뒤섞임이라기보다는 차라리 상이한 빛깔을 내는 색채의 상이한 평면들, 작은 점과 선의 결과물이다. 다음으로 투과성이 있는 포도의 색깔 율동과 장미의 놀랍도록 은근한, 투명한 색채 뉘앙스가 있다. 그러나 장미의 뉘앙스라 하더라도 살색이 가지고 있는 내면적 활력을 나타냄에는 미치지 못한다. 그 광채 없는 영혼의 향기는 회화가 가지는 가장 큰 어려움에 속한다. 왜냐하면 생동성의 이러한 내면적인 것과 주관적인 것은 평면에서 부담된 것으로, 물질적인 색채로, 줄과 점 등등으로 나타나는 것이 아니라, 그 자체 생동하는 전체, 즉 눈에 저항감을 주는 색깔이어서는 안 되고 우리가 그 안으로 뚫고 들어갈 수 있는 하늘의 푸른색과도 같이 투명한 깊이를 가진 것으로 나타나기 때문이다. 이미 디드로(Diderot)는 괴테가 번역한 회화에 관한 논문에서 이러한 관점에서 다음과 같이 말한다: "살갗의 느낌에 도달한 사람은 이미 멀리 나아간 셈이건만, 이에 반해서 여타의 사람은 그렇지 못하다. 살갗을 느껴보지도 못하고 죽은 화가는 수천 명이고, 그것을 느끼지 못하고 현재 죽어 가는 화가가 수천 명이다."

(WW 15, 78f.)

1.19 기도(1820 이후)

기도도 일종의 부탁인 한에서, 부탁과 기도는 긴밀하게 유사성을 갖는다. 그러나 본래적인 부탁이란 자신을 위해서 어떤 것을 원한다. 부탁은 나에게 본질적인 무엇을 가진 자의 안으로 들어가서 나의 부탁을 통해서 그를 나에게로 향하도록 하고 그의 마음을 누그러뜨려 나에 대한 그의 사랑을 자극하고자 한다 … 그런데 기도란 그러한 양식이 아니다. 기도는 즉자대자적으로 사랑이며 대자적으로는 아무 것도 가지지 않는 절대자에로 마음을 고양하는 일이다. 여기서는 예배 자체가 베풂이 되고, 부탁 자체가 축복이 된다. 비록 기도도 그 어떤 특수한 것을 위한 부탁을 포함할 수 있다고는 하지만 이 특수한 것이란 본래적으로 표현되어야 하는 것이 아니다. 여기서 중요한 것은 높여짐의 확신이지만, 이는 이 특수한 것과 관계된 높여짐은 아니며, 신이 나에게 내 기도가 원하는 것을 베풀어 준다는 절대적 신뢰다. 이 관계에서도 기도 자체는 만족, 향유, 영원한 사랑의 분명한 느낌이요 의식이다. 이 사랑이란 변용의 빛줄기로서 형태와 상황을 두루두루 비출뿐만 아니라 대자적으로 상황, 표현하는 것, 실존하는 것을 이룬다.

(WW 15, 54f.)

2. 저서와 강연 속에 나타난 헤겔에 관한 슈타이너의 언표들

I. 저서 (괄호 안은 출간 연도)

GA 1: *Einleitungen zu Goethes naturwissenschaftlichen Schriften*, Dornach 1987, Kap. XI: Verhältnis der Goetheschen Denkweise zu anderen Ansichten (1888)

GA 2: *Grundlinien einer Erkenntnistheorie der Goetheschen Weltanschauung, mit besonderer Rücksicht auf Schiller*, Dornach 1979, Kap. 9: Denken und Bewusstsein (1886)

GA 4: *Die Philosophie der Freiheit*, Dornach 1995, Kap. I Das bewusste menschliche Handeln; Kap IV Die Welt als Wahrnehmung (1894)

GA 6: *Goethes Weltanschauung*, Dornach 1990, Kap. Goethe und Hegel (1897)

GA 7: *Die Mystik im Aufgange des neuzeitlichen Geisteslebens und ihr Verhältnis zur modernen Weltanschauung*, Dornach 1987, Kap. Einführung (1901)

GA 18: *Die Rätsel der Philosophie*, Dornach 1985 (1914)

GA 20: *Vom Menschenrätsel*, Dornach 1984 (1916)

GA 21: *Von Seelenrätseln*, Dornach 1983 (1917)

GA 30: *Methodische Grundlagen der Anthroposophie*, Dornach

1989(1884–1901)

II. 강연들

Berlin, 7.5.1906(GA 96)

Berlin, 13.11.1908(GA 108)

München, 28.8.1909 vorm.(GA 113)

Hamburg, 26.5.1910(GA 125)

München, 26.8.1910(GA 125)

Berlin, 3.11.1910(GA 115)

Berlin, 4.11.1910(GA 115)

Kristiania, 6.6.1912(GA 137)

Helsingfors, 4.6.1913(GA 146)

Pforzheim, 7.3.1914(GA 152)

Dornach, 28.3.1915(Beiträge zur Gesamtausgabe, Heft 31, Ostern 71)

Dornach, 27.8.1915(GA 163)

Dornach, 28.8.1915(GA 163)

Dornach, 19.10.1915(GA 254)

Stuttgart, 13.7.1919(GA 192)

Dornach, 27.8.1920(GA 199)

Dornach, 28.9.1920(GA 322)

Dornach, 30.9.1920(GA 322)

Dornach, 3.10.1920(GA 322)

Dornach, 4.12.1920(GA 202)

Dornach, 5.12.1920(GA 202)

Stuttgart, 9.1.1921(GA 203)

Dornach, 8.7.1922(GA 213)

Prag, 29.3.1924(GA 260a)

III. 편지들

21.12.1886	an Eduard von Hartmann
1887(?)	an Eduard von Hartmann
19.11.1891	an Rosa Mayreder
1.11.1894	an Eduard von Hartmann
14.3.1900	an Ernst Haeckel
19.8.1902	an Wilhelm Hübbe–Schleiden
23.8.1902	an Wilhelm Hübbe–Schleiden
Juni/Juli 1906	an Annie Besant(GA 264, S. 279–283)

이 책을 옮기는 일은 옮긴이의 능력으로는 힘에 부치는 일이었다. 개인적인 일로 인하여 많은 시간을 낼 수 없었기에, 작업은 몇 년인지도 모를 세월이었다. 그리고 세월의 무상함과 능력의 한계를 절감케 한 시간이었다. 그러나 내용상의 그 깊은 공감은 이 귀중한 책을 끝까지 작업할 수 있도록 한 원동력이었다. 절망의 시대에 희망과 양심을 가눌 수 있는 기회를 제공하는 『인식의 상처와 치유』는 시대의 양심이자, 인간의 가능성이라 감히 말하고 싶다.

슈타이너는 인간의 미래를 위해, 현대의 절망과 위기를 극복해 가는 데 길잡이가 되는 중요한 사상가다. 그런데 이에 못지않게 중요한 사실은 그러한 슈타이너가 생전에 늘 헤겔을 관심의 중심에 두고 있었다는 것이다. 헤겔에 관한 연구가 지구상의 수많은 서가를 메꾸고 있는 오늘날에도 그의 사상의 진면목이 제대로 드러나지 않고 있다는 이 역설. 이 책은 헤겔 철학을 아주 독특한 시각에서 해석한다. 바로 헤겔 철학의 커다란 테두리에서 신학과 인식론이 겹쳐지는 부분인데, 이 책을 읽을 때 다소 도움이 될 것이라 여겨지는 메모만 한다는 생각으로 단편적인 소감을 스케치하고자 한다. 이를 위해서는 우선 헤겔 철학의 개괄적인 구조를 통해서 본서의 핵심 주제로 접근하는 것이 좋을 듯하다.

헤겔에 있어서 인간과 신 사이의 인식

1. 헤겔 철학의 구조

헤겔에 있어서 철학의 대상은 절대자(혹은 신)이다. 이 점에서 철학과 종교(혹은 신학)는 구별되지 않는다. 다만 그 대상을 인식하는 도구, 방법만이 다를 뿐이다. 철학이 개념적으로 신을 파악한다면 종교는 신을 표상적으로(즉, 상을 통해서) 인식한다. 여기서 말하는 절대자(혹은 신)는 전통적으로 아르케, 최고의 이데아, 제일형상, 일자 등으로 불러왔던 것과 다르지 않다. 그것은 기독교가 전래된 이래 인격신의 모습을 하기도 한다. 그러나 이 인격신도 철학적으로는 절대자로 나타낼 수 있다는 점에서 큰 차이는 없다.

헤겔 철학은 크게 3단계로 이루어진다.

1) 자기 자신에 있어서(an sich) 존재하는 절대자(혹은 신)를 다루는 논리의 학(Wissenschaft der Logik),

2) 자기 밖으로(auβer sich) 표출된 신의 모습을 그리는 자연 철학

(Wissenschaft der Natur), 그리고

3) 자기 밖으로 드러났다가 다시 자신으로 되돌아온(an und fur sich) 절대자를 다루는 정신 철학(Wissenschaft des Geistes)이 그것이다.

논리의 학은 말을 할 때나 글을 쓸 때 지켜야 할 법칙을 다루는 형식 논리학과는 달리 '자연과 정신의 창조 이전에 그 영원한 본질에서의 신의 서술'이라 정의된다. 즉 신이 세계를 창조하기 이전의 신의 모습을 그린 것이 헤겔의 논리의 학이다. 헤겔은 논리의 학에서 신이 그 자체로 어떻게 존재하며 특히 어떤 이유에서 세계를 창조했는가 하는 것을 철학적으로 규명하고자 한다. 말하자면 신에 관한 존재론 혹은 형이상학이 곧 헤겔의 논리의 학이다. 그런데 신의 존재 원리를 다룬다는 점에서 보면 보편적 존재론이라고 할 수 있다.

자연 철학은 무엇인가? 그것은 절대자(혹은 신)가 자기의 밖으로 나온 모습을 단계적으로 서술한다. 그러므로 헤겔의 자연 철학은 자연을 감각적 대상으로만 보는 것이 아니라 그 본질이 절대자라 본다는 점에서 기존의 일반적인 자연관과 다르다. 말하자면 자연은 단순한 외면성이 아니라 그 안에 이념, 즉 절대자의 이념이 포함되어 있는 신적인 것이다. 그런데도 자연을 외면성으로만 보는 것이 헤겔 당시의 자연과학적 자연관이었던 것이다. 그것은 과학주의(Szientismus)라고도 불린다. 헤겔의 자연 철학은 당대의 자연관에 대한 예리한 비판과 그 대안을 포함한 있다는 점에서 오늘날에도 계속적인 관심의 대상이 되기에 족하다.

정신 철학이란 무엇인가? 자연은 절대자의 이념이 자기를 벗어나서 외면성으로 존재하다가 점차로 자기 자신을 자각해 나가는 과정을 거쳐 결국은 이념 자체에 도달한다. 이것이 곧 정신이다. 정신은 자연에 대립되는 것으로서 자기 자신을 대상으로 삼는다는 점에서 내면성으로 정의된다. 헤겔은 정신 철학을 주관적, 객관적, 절대적 정신 철학으로 구분하고 주관적 정신 철학에 인간학과 정신 현상학, 그리고 정신론(심리학)을, 객관적 정신 철학에 법과 도덕 그리고 국가를, 마지막으로 절대적 정신 철학에 예술, 종교, 철학을 귀속시킨다.

이 가운데서 인식을 주제화하는 것은 정신 철학 가운데서 주관적 정신, 특히 정신 현상학이라 할 수 있다. 정신 현상학은 1807년에 출간된 헤겔의 주저명과 같다. 그런데 앞에서 말한 것은 그의 철학백과의 체계 중에 나오는 정신 현상학이거니와 이것은 의식과 자기 의식, 이성으로 구성되는 데 반해서 1807년의 주저에는 헤겔 철학의 거의 모든 주제가 다루어진다. 따라서 좁은 의미의 인식 문제는 의식과 자기 의식의 지평에서 주로 다루어진다.

2. 오성과 이성

헤겔은 독일관념론의 최후 주자로서 피히테와 셸링의 문제 의식을 이어받지만 주된 비판대상자는 칸트라고 할 수 있다.

칸트는 대륙의 합리론과 영국의 경험론을 비판적으로 종합한다는 점에 그의 비판 철학의 독특한 업적이 인정된다. 그 내용은 무엇인가? 그의 출발점은 "선천적 종합판단은 어떻게 가능한가?"라는 물음이다. 이 물음은 "선천적 종합판단은 가능한가?"의 물음과는 달리 그것이 가능하다는 것을 전제로 단지 '어떻게 가능한지'만을 묻는다는 점에 그 독특성이 있다. 이 물음은 가능하다는 현실에서 출발하여 어떻게 가능한지의 가능 근거로 소급해 올라가는 역추리(Rückschluβ)의 방식을 취한다. 그것은 결국 자연과학과 수학, 그리고 형이상학이 학으로서 어떻게 가능한지를 묻는다.

결국 칸트는 인식의 가능 근거를 물은 것으로서 인식의 성립 과정과 그 한계, 그리고 인간의 사명을 밝힌 것으로 볼 수 있다. 인식 문제는 감성, 오성, 이성을 중심으로 논의된다. 먼저 인식 주관에서 감성(Sinnlichkeit)을 통해서 인식 대상의 다양한 자료들이 주어지고 이것을 범주(Kategorie)에 의해서 사유하는 것이 오성(Verstand)이다. 이성(Vernunft)은 오성에 의해서 구성된 인식 대상이 인식의 한계를 넘은 것인지 어떤지를 판정하는 역할을 한다. 이것이 이성의 통제적 기능이다. 오성은 범주가 적용되어야 할 대상을 넘어서까지 그 범위를 확대하고자 하는 욕망적 경향을 가진다. 말하자면 영혼불멸, 신, 전체로서의 세계는 유한한 인간의 인식 능력으로서는 파악할 수 없는 형이상학적 대상인데도 오성은 자신의 고유 대상, 즉 감성으로 주어지는 대상을 넘어서 형이상학적 대상에 대해서까지 부단히 범주를 적용하고자 하는 경향으로 인해서 오류를 범하는 것이다. 이성은 이것을 막는 기능을 한다.

칸트가 순수이성비판을 통해서 중점을 둔 것은 순수이성, 즉 좁은

의미의 이성인 오성의 한계를 분명히 하고자 한 것이다. 오성은 자신
의 한계를 넘어서까지 범주를 적용하는 잘못을 범해 왔다고 칸트는
보는 것이다. 그것은 칸트 이전의 무비판적, 혹은 독단적 형이상학의
상습적 행태였다. 그리하여 신, 영혼불멸, 전체로서의 세계를 밝히고
자 하는 합리적 신학, 합리적 심리학(정신 철학), 합리적 우주론은 독
단적 형이상학을 일삼음으로써 끝없는 혼란만 가중시켰을 뿐 그 대상
이 진정 무엇인지를 속 시원히 규명할 해결책은 결코 없었던 것이다.

그렇다면 칸트에 있어서 참된 이성은 무엇인가? 순수이성을 통해
서는 인식의 적극적 의미를 획득할 수 없다고 칸트는 본다. 말하자면
형이상학적 대상은 인간의 인식 능력으로는 결코 인식할 수 없는 이
상(Ideal)에 불과하고, 단지 실천이성을 통해서만 거기에 접근할 수
있다고 보는 것이다. 이 점에서 칸트를 불가지론자라 할 수 있을지도
모른다. 인간의 인식 능력은 주어지는 현상(Pheinomenon)만을 인식
할 수 있을 뿐, 물 자체(Noumenon)는 인식할 수 없다는 것이다. 인
간은 절대자(신)를 인식할 수 없다.

칸트에 대한 헤겔의 비판점 혹은 불만은 바로 이 점에 있다. 헤겔
은 인간이 이성을 가지고 있는 한 신을 인식할 수 있다고 본다. 어떻
게 인식할 수 있다고 보는 것일까?

헤겔은 칸트의 오성과 이성 개념에 찬동할 수 없었다. 물론 헤겔
역시 오성에 대해서는 그 한계를 분명히 긋고 있다. 헤겔은 오성을 바
로 '유럽적 오성'이라 한정한다. 달리 말하면 오성은 근대의 자연 과
학을 성립시켜서 인간을 중세의 신적 권위, 독재로부터 해방시킨 것

은 사실이지만 그 결과 세계에는 악, '아리만' (어두움의 신)이 들어오게 되었다고 헤겔은 본다. 유럽적 오성은 인간에게 자유를 주어 신의 권위로부터 벗어날 수 있도록 하는 공헌을 한 것이 분명하다. 그러나 이로 인해서 인간은 아리만의 포로가 된 것이다. 이로 인해 세계에는 어두움이 들어온 것이다. 이 어두움이란 무엇이었던가?

인간은 유럽적 오성을 통해 자연을 있는 그대로 두지 않고 거기에 자신의 힘을 침투시켜 그 자립성을 박탈해 버린다. 자연만이 아니라 타인 역시도 '욕망'의 대상으로 만든다. 타인은 나의 인격에 마주 서는 대등한 인격이 아니라 이용 대상, 혹은 노예로 만들어서 굴복시켜야 할 욕망의 대상에 지나지 않는다. 이것이 그 유명한 '주인과 노예'의 변증법에서 헤겔이 잘 보여 준 근대적 사회 관계의 극치이다. 근대의 인간, '시민 사회'의 구성원은 각자가 독립성을 가진 존엄한 존재라기 보다는 노동을 매개로 관계의 그물망을 필연적으로 맺었으나, 인간의 존엄성은 어디서도 찾아볼 수 없는 타락한 존재로 전락한다. 말하자면 나에 대해서 타인은 수단에 지나지 않는 것이다. 그것은 상품 생산을 위한 수단이나 도구에 불과하다. 헤겔은 이러한 오성의 세계가 '전도된 세계'라고 말한다. 오성은 있는 그대로의 세계를 그대로 보존하지 못하고 뒤바꾸어 일그러뜨리는 것이다.

그러면 이성은 무엇인가? 헤겔의 이성은 이러한 오성의 한계점을 극복한 '영기적 이성'(Ätherischer Vernunft)이다. '영기'란 매우 독특한 헤겔 철학의 용어이다. 영기란 원래 지구와 태양 사이에 채워져 있을 것으로 여겨지는 매체로서 상상의 물질이다. 그러나 그것은 어느새 정신적인 의미를 가지는 용어로 정착되었다. 헤겔은 이 용어를 물질과 정신 사이에 존재하는 것으로 이해하기도 하고 고도의 정신적 차원을 지칭하기도 하는 용어로 사용한다. 어떻든 영기적 이성은 유럽적 오성의 한계를 극복할 수 있는 인간의 고유 능력이라 생각한다. 유럽적 오성이 인간에게 자유를 가져다 주는 대신 세계에 악을 끌어들이는 문제점을 가지고 있다면, 영기적 이성은 어두워진 세계에 다시 빛을 밝혀 주는 역할을 한다. 유럽적 이성이니 영기적 이성이니 하는 것은 물론 슈타이너의 명명이다.

3. 인간과 신

인간은 신이 아니다. 이것은 겸손하기는 하지만 철학적으로 보면 너무 요구가 적고 비생산적이다. 물론 인간은 신이 아니다. 그러나 이렇게 당연한 사실을 철학적으로 말할 필요가 어디 있겠는가?

인간은 신이다. 이것은 자부심이 느껴지지만 너무 지나친 말이다. 이것 역시도 철학적 논의의 대상이 되기에는 좀 싱겁다. 이에 대해서는 많은 반발이 예상되는 위험한 발언이다.

인간과 신의 관계에 대해서는 인간과 신은 완전히 다른 것도, 그렇다고 완전히 같은 것도 아니라는 전제에서 출발할 수 있다고 본다. 무슨 말인가? 바로 헤겔의 입장을 두고 하는 말이다. 칸트는 분명 인간은 신이 아니라고 말했을 것이다. 그러면 헤겔은?

헤겔은 인간에 대한 자부심이 전무후무하게 강했다. 그는 인간의 이성이 신적 이성으로 고양될 수 있다고 보았다. 아니 신은 고정적으로 존재하는 것이 아니라 시대마다 다르게 현상하는 존재이며, 또한 인간이 신을 어떻게 인식하느냐에 따라 달리 존재한다고 보았다. 즉 신은 인간과 동떨어진 존재가 아니라 인간의 인식을 통해서 발전한다는 것이다.

헤겔은 "전체는 진리다"라고 말한다. 그 의미는 무엇일까? 인간과 신의 관계라는 관점에서 말한다면, 신은 인간의 발전 과정 전체를 통해서 자기를 실현한다고 볼 수 있다. 전체가 곧 진리라고 할 때 이 전체는 인간이 세계와 더불어 만들어 가는 모든 '경험'을 뜻한다. 헤겔은 주저인 『정신 현상학』에 '의식의 경험의 학문'이라는 부제를 붙였다. 여기서 의식의 경험이란 개별적인 인간의 의식이 대상 세계를 마주하여 만들어 가는 앎을 말한다. 의식은 처음에는 대상이 자기와 다르다는 것을 확인한다. 대상은 내가 아니고, 나는 대상이 아니다. 이런 의식의 차원을 오성이라고 한다. 칸트가 말하는 순수이성이란 실은 오성에 지나지 않는다. 이렇게 오성은 자기와 타자가 다르다는 것을 확실히 인식하고, 자기 자신에 대해서는 의식할 여유조차 없다.

그런데 오성의 한계점을 오성 자신이 경험하게 된다는 것은 대단히 흥미로운 일이다. 오성은 자신이 경험하는 것이 절대적으로 타당하다고 확신하지만 실제로 드러나는 것은 정 반대인 경우가 허다하다. 즉 자신이 진리라고 확신한 것은 현실계에서 상대적인 가치밖에 지니지 못함을 경험하는 것이다. 자신이 북(北)이라고 경험한 것은 현실계에서는 북이 아니고 남이며, 남(南)이라고 경험한 것은 북이 됨을 경험한다. 이렇듯 오성으로서의 의식은 자신의 직접적 경험과 현실계의 진실이 다르다는 것을 경험함으로써 대상에 대한 직접적 의식은 자기 자신의 내면으로 이행한다.

자기의 내면으로 후퇴한 의식은 대상 세계의 본질이 결국 자기 자신임을 자각한다. 그런데 대상 세계에서 자기 자신의 내면으로 후퇴하여 자신을 직시하자마자 자신을 절대화하고자 하는 욕망이 생긴다. 이 욕망은 어떠한 성질의 것인가? 이것은 사물에 대한 것과 타인에 대한 것으로 나타난다. 이것은 자연과 인간 문명에 있어서의 매우 중요한 통찰이다. 첫째, 인간은 자연 내지 대상 세계에 대해서 그 자립성을 인정하지 않게 된다. 객관 세계를 있는 그대로의 객관으로 인정하지 않고 주관의 영역으로 만들고자 하는 욕망이 앞서게 된다. 이런 욕망 앞에서 객관은 파괴되며, 주관과 객관의 균형은 깨지게 된다. 둘째, 인간은 타인을 그 자체 독립된 존재로 인정하는 대신 나의 지배 아래 두고자 한다. 이것이 곧 그 유명한 '주인과 노예'의 관계를 이룬다. 주인과 노예는 결코 대등한 관계가 아니라 한쪽이 다른 쪽을 지배하는 불평등한 관계이다. 이러한 자의식의 욕망을 넘어선 곳에 이성의 영역이 열린다.

헤겔은 이성을 이중적인 것으로 본다. 첫째는 칸트가 말하는 이성, 소극적인 이성이다. 이것은 인간의 능력에 한계를 설정하고 그 안에 안주할 것을 주문한다. 칸트가 말하는 이른 바 '통제적' 이성이다. 인간의 제한된 인식 능력으로 절대적 대상을 인식하고자 하는 것은 월권이며, 이것을 막아야 할 임무가 바로 이 소극적 이성에게 부여된다. 그러면 적극적 이성은 무엇인가? 이것은 이미 앞에서 잠깐 언급한 영기적 이성이다. 즉 인간의 한계라 칸트가 말한 것을 인정하지 않고 그 한계를 넘어서 나아가는 이성이다. 즉 헤겔은 인간의 이성이 제한적이라 보지 않고 신적, 절대적 영역으로 나아갈 수 있는 능력을 가지고 있다고 보았다. 단 일상적인 사유가 아니라 철학적인 사유, 개념적인 사유에 있어서 이성은 예술과 종교의 차원을 넘어서 신적인 경지에 도달한다는 것이다. 헤겔이 자신의 『철학 백과』(*Enzyklophädie der philosophischen Wissenschaften*)에서 정신 철학의 마무리를 아리스토텔레스의 형이상학 마지막 부분을 그대로 인용하고 있음은 이에 대한 답을 준다. 즉 아리스토텔레스가 제일형상, 즉 신적 경지에 스스로 도달했음을 암시하듯이, 헤겔은 자신의 사유가 철학적 사유의 절정이며 이는 이미 역사적으로 아리스토텔레스가 도달한 경지임을 암시하는 것이다.

인간은 신이 아니지만 스스로의 경험을 통해서 신적 경지에 도달할 수 있다는 것이다. 이를 통해서 신은 참된 자의식에 도달하게 된다. 신은 인간이라는 대리자를 통해서 비로소 자기의 내면을 경험하게 되는 것이다. 이것을 헤겔은 '전체는 진리'라는 명제로 담아낸 것이 아닐까.

4. 질병과 건강, 상처와 치유

헤겔은 인문주의자요 고전주의자라 할 수 있다. 이 점에서 그는 르네상스의 인물인 셈이다. 특히 그리스의 아리스토텔레스의 철학을 도달해야 할 최고봉으로 삼았다는 점에서 그는 복고적 사유의 틀을 유지하고 있다. 물론 이로써 다하여지는 것은 아니다. 헤겔은 어디까지나 역사의 진보와 발전을 옹호한다. 그는 역사를 자유 의식의 진보라 정의한 바 있다. 그리하여 동양에서는 일인만이, 그리스에서는 다수인이, 그리고 게르만 사회에서는 만인이 자유롭다고 하였다. 그는 특히 근대 ─ 헤겔의 현대 ─ 에 들어서 획기적인 자유의 신장을 찬미하고 있다. 그가 말하는 '시민사회'는 개인의 자유가 과거 그 어느 때 보다도 신장된 형태라고 이해한다.

그러나 이와 동시에 근대의 인간이 획득한 자유에는 지불할 댓가가 있다는 점에 유의해야 한다. 근대인은 원자화된 개인으로서 자유를 만끽하는 특권을 누리지만 그 반대급부는 방종과 이기적 욕망이다. 바로 이 점에서 헤겔은 시민사회를 국가와 엄격히 구분한다. 시민사회의 전단계인 가족과 그다음 단계인 국가는 인륜성이 살아 있는 참된 공동체이지만 시민사회는 개인의 권리를 지키기 위한 법률만이 그 본질을 이룰 뿐이다. 그러므로 헤겔은 근대의 법을 법 자체와는 구별되는 '추상적 법'이라 칭한다. 시민사회의 구성원인 개인은 이기적 욕망의 덩어리로서 '욕망의 체계'를 이루는 기본적인 단위이다. 욕망의 문제점은 그것이 결코 궁극적 만족에 도달하지 못한다는 사실이다. 한 욕망의 충족은 다른 욕망을 낳고 이 욕망을 채우면 또 다시 다른 욕망이 생겨서 욕망이 궁극적으로 만족에 도달하는 일은 결코 없다.

인간의 지칠 줄 모르는 욕망은 여러 가지 문젯거리를 양산하게 된다. 개인은 타인을 진정 한 인격으로 대하지 않고 단지 자신의 욕망을 채우기 위한 수단으로 치부함으로써 치유하기 어려운 소외 현상을 유발한다. 비근한 예로 자본가는 최소의 자본으로 최대의 이윤을 창출하기 위해 최소의 임금과 최대의 노동시간을 통해 시간과 노동력을 착취한다. 또한 비인간적인 분업(Arbeitsteilung)은 무의미한 기계적 노동을 강요하여 노동자의 삶을 비참하게 만든다. 그리고 설상가상으로 기계의 사용은 노동자를 작업장으로부터 몰아내어 실업자로 만든다. 그런가 하면 기계를 이용하여 자연을 개발하고 거기에 노동력을 투여하여 인간을 위한 수단으로 만든다. 말하자면 자본가에게 노동자와 자연은 노예로 전락하게 될 뿐, 결코 그 자체의 가치로 인정받지 못하게 된다. 자본주의가 발전할수록, 기계시스템이 발전할수록, 그리고 과학기술이 발전할수록 인간 소외와 자연파괴, 그리고 이로 인한 환경오염의 위기는 심각하게 된다. 이미 헤겔 당시에 영국의 산업혁명은 이러한 문제점을 양산하고 있었다. 가히 치유할 수 없을 정도로 심각한 상처를 남긴 것이 근대의 이성, '유럽적 이성', '아리만적' 이성인 것이다.

그러면 이것을 피할 방법은 없었던 것일까? 헤겔은 이에 대해 즉답은 피하지만 이러한 과정은 불가피한 것으로 여기는 듯하다. 왜냐하면 이러한 혼란상과 파괴성은 인간의 자유를 획득하기 위한 불가피한 계기의 결과에 지나지 않는 것으로 보기 때문이다. 그러기에 그는 이러한 상처와 질병에 대한 치유책을 제시하고 있는 것이다. 그것은 무엇인가?

근대에 들어 획득된 자유와 이로 인한 부조리한 상황들은 결국 인간적 이성, 그 인식으로 인한 것이다. 그런데 인간의 인식은 칸트에 있어서처럼 제한된 것이 아니다. 인간의 인식 능력은 신적 인식으로 고양될 수 있는 가능성을 가지고 있다. 신적 인식이란 '영기적 이성'의 소관사이다. 영기적 이성은 상처받은 인간 인식을 치유할 수 있는 능력이다.

영기적 이성이란 과연 무엇일까? 정말 그런 것이 있기나 한 것일까? 인간은 신적 경지에 이를 수 있는 능력을 가진 존재이다. 이러한 것은 과연 주장 그 이상의 의미가 있는 것일까? 있다면 그 근거는 무엇인가? 지금까지 옮긴이가 제공한 작은 토막글들은 이 물음에 이르기까지 최소한도로 필요한 여정이었다. 따라서 영기적 이성의 물음에 대한 답은 독자의 몫으로 돌리고자 한다. 이 책에서 답을 구할 수 있으리라 판단하기 때문이다. 저자 델브뤼거는 이에 대한 친절한 안내를 해 줄 것으로 본다. 또 하나 책의 뒷부분에 제공되는 헤겔의 원텍스트들은 이 물음에 대한 좋은 안내자 역할을 할 수 있으며, 그 자체로 매우 교훈적이고 유익한 자료가 되리라 믿어 의심치 않는다. 되도록 많은 음미를 해도 좋을 명문들이라 여겨진다. 정신이 허물어져 가고 물질이 판을 치는 이때에 현명한 독자 여러분의 창조적 독서와 사유의 끈기를 기대하며 ….

2012년 10월

현욱